時尚・可愛・慢步樂活旅

洛杉磯・舊金山

這是什麼呢？

（答案見P2）

Lala Citta是義大利文的「城市＝La Citta」，

和享受輕快旅行印象綜合而成的用語。

書中匯集了名流出沒SPOT、加州流行時尚、

特色商店街、農夫市場等…

不可錯過的旅遊時尚新主題，

當你在想「今天要做什麼呢」時

就翻翻這本書吧。

歡樂旅遊的各種創意都在書中。

人人出版

ララチッタ

洛杉磯・舊金山

CONTENTS

Los Angeles
⓪⓪⑨ 洛杉磯

暢遊主題樂園

本書的標示

🔒…需事先訂位
👔…有著裝規定
Ⓢ…單人房，或是單人使用雙人房的住宿費
Ⓣ…雙人房1晚的住宿費

🍴…有餐廳
🏊…有泳池
🏋…有健身房

🚇…交通
🏠…地址
📞…電話號碼
🕐…開館時間、營業時間
🈺…公休
💲…費用
🌐…網址

P1照片的答案 →2盎司裝的迷你小熊瓶蜂蜜各$4（→P105）

San Francisco
⑧舊金山

129 旅遊資訊

＼可以拆下使用／
別冊MAP

其他注意事項
- ●本書所刊載的內容及資訊，是基於2016年1～3月時的取材、調查編輯而成。書籍發行後，在費用、營業時間、公休日、菜單等營業內容上可能有所變動，或是因臨時歇業而有無法利用的狀況。此外，包含各種資訊在內的刊載內容，雖然已經極力追求資訊的正確性，但仍建議在出發前以電話等方式做確認、預約。此外，因本書刊載內容而造成的損害賠償責任等，敝公司無法提供保證，請在確認此點後再行購買。

- ●地名、建築物名在標示上參考政府觀光局等單位提供的資訊，並盡可能貼近當地語言的發音。
- ●休息時間基本上僅標示公休日，略過新年期間、聖誕節、國定紀念日等節日。
- ●費用的標示基本上為成人的費用。

出發前Check!

行前知道就賺到的實用旅遊資訊如下。
只要掌握兩大城市的基本資料，就能提升旅程的充實度。
說不定還會遇到意想不到的好事呢。

洛杉磯&舊金山 Profile

○納帕
◉舊金山

拉斯維加斯 ◎

加利福尼亞州

洛杉磯 ◉

正式國名・州名
美利堅合眾國
加利福尼亞州

語言
以英語為主（法律上並未明定）

貨幣和匯率
貨幣單位為美元dollar（$）
和美分cent（¢）、1 $ ＝100 ¢。
1 $ ＝約30元
（2017年6月）
貨幣的種類→P134

入境條件
以觀光目的停留
90天以內者不需要簽證，
但必須申請ESTA。
詳情→P130

從台灣出發的航班
中華航空和長榮航空每天都有
直飛洛杉磯、舊金山的航班，
或可選擇經香港轉機的國泰航空、
經東京轉機的聯合航空、
經首爾轉機的大韓航空等航班。

人口・面積
●洛杉磯
約393萬人／約1213k㎡
●舊金山
約86.5萬人／約121k㎡

時差
與台灣的時差為-16小時，3月第二週日～11月第一週日的夏令時間時差為-15小時。

小費
有接受服務就須支付小費是常識。飯店的房務員$1～2（可依天數一次支付）、幫忙搬運行李時一件$1～2，餐廳多為消費金額的15～20%，計程車通常會給車資15%的小費。

觀光小冊子是必備品！

洛杉磯★Advice

1 要有效率走訪各觀光景點就搭 Hop-on Hop-off
巡迴好萊塢、比佛利山莊、聖塔莫尼卡、好萊塢環球影城等地又可自由上下車的雙層觀光巴士Hop-on Hop-off，網羅了LA主要的觀光景點。輕輕鬆鬆就能享受觀光樂趣，最適合第一次造訪LA的遊客。
詳情→P24

紅色車身的巴士

2 遇到好萊塢明星的秘訣
若想巧遇素顏明星，餐廳是最佳的場所。從有著裝規定的高級店到休閒風格的甜點店，都有許多名人的目擊情報。首映會等名人會公開露面的活動也別錯過了。
詳情→P18

004

★ 知道即可 玩得更開心　旅遊季節

節日　　活動

★ 記號代表節日、活動的日期每年都會變動，本書的資訊是以2017年實例

1月
- 1月1日…元旦
- 1月16日…馬丁路德‧金紀念日★
- 1月2日…玫瑰花車遊行/玫瑰盃美式足球賽★(洛杉磯)

2月
- 2月20日…總統日★
- 2月14日…情人節
- 2月26日…奧斯卡金像獎頒獎典禮★(洛杉磯)

3月
- 3月17日…聖派屈克節

4月
- 4月14日…復活節聖週五★　4月16日…復活節★
- 4月17日…復活節後的週一★
- 4月8日～9日、15日～16日…櫻花節★(舊金山)
- 4月5日～19日…舊金山國際電影節★(舊金山)

5月
- 5月29日…陣亡將士紀念日★
- 5月21日…Bay to Breakers(舊金山海灣碎浪路跑)★(舊金山)

6月
- 6月14日…國旗紀念日
- 6月24日～25日…同志遊行★(舊金山)

7月
- 7月4日…獨立紀念日
- 7月23日…舊金山馬拉松★(舊金山)

8月
- 8月11日～13日…長灘爵士音樂節★(洛杉磯)

9月
- 9月4日…勞動節★

10月
- 10月9日…哥倫布日★
- 10月31日…萬聖節

11月
- 11月11日…退役軍人紀念日
- 11月23日…感恩節★
- 12月1日～10日…洛杉磯車展★(洛杉磯)

12月
- 12月25日…聖誕節
- 12月31日…除夕夜

※活動行程可能會有變動，行前請再次確認。

★ 氣候與服裝建議

洛杉磯的最佳旅遊季節是溫暖少雨的4～6月，舊金山則推薦涼爽又多霧的7～9月。

春 (3～5月)
3月還很冷，依然需要保暖衣物。5月以後就進入夏天了。

夏 (6～8月)
LA太陽很大，帽子和太陽眼鏡都是必備品，SF則有時氣溫會驟降。

秋 (9～11月)
10月～11月上旬雖然舒適，但早晚溫差較大，得多帶一件外衣禦寒。

冬 (12～2月)
SF與LA的氣溫皆比台灣低一點，降雨量多，厚外套是必備品。

★ 平均氣溫與降雨量

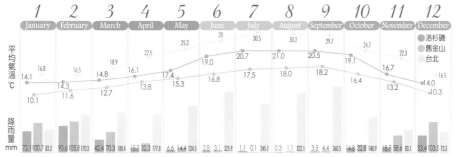

	January	February	March	April	May	June	July	August	September	October	November	December
●洛杉磯	16.8	16.5	18.9	22.5	25.2	28	30.5	30.2	29.7	24.7	22.3	
●舊金山	14.1	14.3	14.8	16.1	17.4	19.0	20.7	21.0	20.5	19.1	16.7	16.5 / 14.0
台北	10.1	11.6	12.7	13.8	15.3	16.8	17.5	18.0	18.2	16.4	13.2	10.3

平均氣溫 ℃

降雨量 mm: 72.1 / 100.7 / 83.2　90.6 / 105.6 / 170.3　42.4 / 70.3 / 180.4　15.7 / 32.3 / 177.8　6.6 / 14.4 / 234.5　2.8 / 3.1 / 325.9　1.1 / 0.1 / 245.1　0.3 / 1.1 / 322.1　3.5 / 4.4 / 360.5　14.8 / 22.8 / 148.9　18.7 / 58.6 / 83.1　53.4 / 103.5 / 73.3

舊金山 ★ Advice

1 Check有機文化 & 環保意識

在有機文化根深蒂固的舊金山，有許多供應有機食材的餐廳和店家。此外也相當有環保意識，雜貨店家內常可見到各式容器以及利用再生紙、再生玻璃製成的商品。詳情→P108

有機料理的始祖Chez Panisse Restaurant and Cafe (→P108)

Convert (→P112) 的環保商品

2 郊區景點也相當多

舊金山郊外的觀光景點十分豐富，搭渡輪可達的蘇沙利多和納帕、搭灣區捷運能到的大學城柏克萊、車程約需5小時的優勝美地國家公園都相當推薦。詳情→P 112～119

來到納帕當然非品嘗葡萄酒不可

優勝美地國家公園

經典行程

6天4夜的

將兩座城市的魅力濃縮成6天4夜的經典行程，
一次暢遊洛杉磯和舊金山。

➡倫巴德街
以世界上最
彎曲的坡道
著稱

Day 1

前往SF的觀光焦點──
漁人碼頭和惡魔島

挑戰
站在踏板上
乘車！

18:50 從台灣出發

10:30 抵達舊金山
國際機場

●…灣區捷運30分

11:00 抵達位於
聯合廣場的飯店
※通常15時以後才能辦理
入住手續，行李寄放飯店
後就先去市內觀光吧！

●…叮噹車
鮑威爾-海德街線15分

11:30 參觀倫巴德街(→P85)

●…步行15分

12:00 漫步漁人碼頭＆
享用海鮮午餐(→P94)

●…步行10分

13:35 從33號碼頭搭
渡輪到惡魔島(→P95)

●…渡輪15分

13:50 參觀惡魔島

15:45 搭渡輪離開惡魔島

●…渡輪15分

16:00 從33號碼頭到
39號碼頭(→P92)

●…步行5分

16:15 於39號碼頭的
咖啡廳小憩片刻＆
參觀

●…MUNI電車F線約15分

17:30 渡輪大樓購物＆
享用晚餐(→P104)

●…步行5分

19:00 欣賞海灣大橋的夜景
(→P86)

⬆喔噹喔噹穿梭在舊金山坡道間的叮噹車

⬅漁人碼頭的螃
蟹招牌很好認

⬅⬆傳說中的惡
魔島監獄

懷舊復古的
MUNI電車
F線➡

⬆能輕鬆享用午餐
的海鮮小吃攤也很
推薦

⬇於面海的餐廳
品嘗晚餐

DINNER

⬅Cup & Cake Café
的杯子蛋糕

⬇方便購物的渡
輪大樓

⬇渡輪大樓
的室外市場
有許多當地
美食

⬇欣賞海灣大橋的盛大點燈裝飾

Day 2 漫步金門大橋後前往 特色商店街逛逛

→舊金山的象徵地標——金門大橋

→咖啡廳一大早就開門營業了

07:30 飯店周邊的咖啡廳吃早餐

● …MUNI巴士25分

09:00 上金門大橋走走（→P90）
走在全長約3km的橋面上體會壯闊威，單程約30分

● …PresidiGo接駁巴士10分

11:00 迪士尼家族博物館（→P96）

→介紹華特迪士尼的生涯事蹟與藝術作品的「迪士尼家族博物館」

● …轉乘兩趟MUNI巴士20分

13:00 費爾摩街購物（→P103）

● …轉乘兩趟MUNI巴士25分

16:00 遊逛海特街（→P102）

Sexy!

SAN FRANCISCO

↑網羅多款時尚雜貨的「Zinc Details」（→P103）

←瀰漫著沉穩氛圍的費爾摩街

←海特街是反越戰運動的起源地

● …MUNI巴士20分

17:00 瓦倫西亞街購物（→P100）

● …步行10分

19:00 教會區的餐廳（→P109）享用晚餐

DINNER

↑到「Bar Tartine」品嘗精緻菜色（→P109）

↓位於教會區的LOHAS超市「Bi-Rite」（→P100）

● …步行或計程車

21:00 到酒吧品嘗納帕谷的葡萄酒

+α行程備案

若還有多一天時間，不妨參加前往納帕谷（→P114）的當地旅行團。有些還會在回程時繞去「Napa Premium Outlets」，順道滿足一下購物的樂趣。

Day 3 上午啟程到LA 下午盡情購物

→洛杉磯觀光的熱門景點「好萊塢高地中心」

08:00 從舊金山國際機場出發

SAY CHEESE!

● …飛機1小時20分

09:20 抵達洛杉磯國際機場

● …FlyAway45分

11:00 抵達市中心的飯店後寄放行李

↑市中心高樓大廈櫛比鱗次

→可到速食店或咖啡廳迅速解決午餐

● …地鐵15分

11:30 參觀好萊塢高地中心後享用午餐（→P12）

↓超有名的好萊塢標誌

笑一個吧♪

HOLLYWOOD

● …地鐵15分

續接P8

➡個性店家、古著店聚集的梅爾羅斯大道

➡總是大排長龍！

`13:30` 梅爾羅斯大道購物（→P32）

➡知名熱狗店「Pink's」（→P18）也是非去不可

…計程車10分

➡羅迪歐大道幾乎網羅了所有高級名牌

`15:30` 羅伯森大道購物（→P28）

⬆要找最夯的LA流行時尚就到羅伯森大道

…地鐵巴士5分

`17:30` 遊逛羅迪歐大道（→P30）

BEVERLY HILLS

常出現在影集中

DINNER

…搭計程車

⬅《飛越比佛利》中也能看到的招牌（別冊MAP/P4A3）

`19:00` 前往比佛利山莊的「Spago」或「Lawry's The Prime Rib」享用晚餐（→P50）

➡「Lawry's The Prime Rib」的絕品牛肋排

⬅⬆到名流也是座上賓的「Spago」享用豪華晚餐

Day 4　盡情享藍天碧海的聖塔莫尼卡

SANTA MONICA YACHT HARBOUR SPORT FISHING & BOATING Cafes

`08:15` 華納兄弟影城 VIP旅行團（→P16）

⬆加州活力四射的海灘城市——聖塔莫尼卡

…搭計程車到好萊塢。從好萊塢搭地鐵巴士60分

⬆搭乘電動車一路遊逛的華納兄弟影城VIP旅行團

➡到Santa Monica Place內的「THE MARKET」小憩片刻

`12:30` 第三街步道吃午餐（→P36）

…BBB巴士35分

⬇阿伯特金尼大道上也可見到衝浪客

`15:00` 阿伯特金尼大道（→P38）

…BBB巴士轉乘地鐵巴士2小時

➡當地年輕人和遊客絡繹不絕的第三街步道

`18:30` 返回市中心享用漢堡晚餐（→P54）

…步行

➡「Urbanic Paper Boutique」（→P38）的可愛文具

Big!!

`20:00` 前往L.A. Live感受洛杉磯的夜生活（→P20）

＋α 行程備案

若還有多一天的時間，就到加州迪士尼樂園度假區等主題樂園玩上一整天

⬅市中心的「The Counter」（→P54）有特大號的漢堡

Day 5

`12:15` 從洛杉磯國際機場出發（夜宿機上）

➡到L.A. Live的夜店或酒吧狂歡一下吧！

Day 6

Advice

最遲請於2小時前抵達機場，辦妥所有手續後於30分～1小時前到登機門候機

`17:05` 抵達台灣

Los Angeles

洛杉磯

好萊塢的小星光大道
→P14

Los Angeles Area Navi

洛杉磯 區域導覽

洛杉磯擁有好萊塢、比佛利山莊、聖塔莫尼卡等
具個性特色的區域，每個街區的氛圍都
各異其趣，玩樂方式相當多采多姿。

接觸大自然｜多為旅客｜美食・購物為主

好萊塢
聖塔莫尼卡 ★ ★ 比佛利山莊
★梅爾羅斯
帕薩迪納★ ★
市中心

多為LA市民

Third Street Promenade

① *Beverly Hills*
比佛利山莊 (MAP) 別冊P4A3

美國代表性的高級住宅區，也是眾多好萊塢明
星的居住地。時尚雅致的街區，散發出奢華的
氣息。擁有獨自的警察局，治安優良。

CHECK! 比佛利山莊的人氣街道

羅迪歐大道 →P30
Rodeo Drive (MAP) 別冊P9A1
幾乎網羅所有歐洲、美國
高級名牌的購物街，來自
全世界的觀光客絡繹不
絕。
Access>>>地鐵巴士20、
720路WILSHIRE BLVD/
RODEO DR等

羅伯森大道 →P28
Robertson Boulevard
(MAP) 別冊P9A3
時髦選貨店和餐廳雲集，也
是名流經常出沒的地點。
Access>>>地鐵巴士16/
316・220路ROBERTSON
BLVD/3RD ST等

② *Santa Monica*
聖塔莫尼卡 (MAP) 別冊P2A3

位於洛杉磯西邊的典型加州海灘
城市。海岸沿線大大小小飯店林
立，架有木造棧橋的聖塔莫尼卡碼頭上還有座
小遊樂園。

CHECK! 聖塔莫尼卡的人氣街道

第三街步道
3rd Street Promenade →P36
(MAP) 別冊P8A1~2
面Santa Monica Place，橫
跨Broadway到Wilshire
Blvd.三個街區的步道。有
許多廣受年輕人喜愛的商店
和咖啡廳，呈現一派休閒的
氛圍。
Access>>>BBB巴士1・7・8路
SANTA MONICA BLVD/ 3RD
ST PROMENADE AVE等

阿伯特金尼大道
Abbot Kinney Boulevard →P38
(MAP) 別冊P8A4
從威尼斯海灘步行約15
分。有整排的個性派流行
時尚店和咖啡廳，注目度
No.1。
Access>>>BBB巴士1路
CALIFORNIA AVE/ABBOT
KINNEY BLVD等

地圖區域標示

Ventura Fwy.

N

0 3km

San Diego Fwy.

西好萊塢
LA最繁華的街區，
以夜店和Live House
聚集的日落大道為中
心。

西木區
以UCLA為中心的學
生區，四周高級住宅
區環繞，街道整齊乾
淨，治安也很好。

西好萊塢

蓋提中心 ●

加州大學洛杉磯分校 ●
(UCLA)

Sunset Blvd.

比佛利山莊 ❶

羅伯森大道

日落大道

Santa Monica Blvd.

聖塔莫尼卡高速公路

聖塔莫尼卡大道

第三街步道

✈聖塔莫尼卡機場

❷
聖塔莫尼卡

聖塔莫尼卡海灘

阿伯特金尼大道

聖塔莫尼卡灣

洛杉磯郊外
安納罕
Anaheim (MAP) 別冊P12B4

地處洛杉磯的東南
方，擁有最適合家族
旅遊的主題樂園。

CHECK!

● 加州迪士尼樂園度假區→P62
● 諾氏草莓樂園→P72

❸ *Hollywood*
好萊塢
MAP 別冊P5D1

因為是電影製作據點而興盛的娛樂聖地。聳立於小山丘上的好萊塢標誌「HOLLYWOOD」為象徵地標，有匯集所有人氣店家的好萊塢高地中心及其他眾多景點。

CHECK! ●好萊塢高地中心➡P12
●好萊塢壁畫➡P15

Access>>> Ⓜ紅線HOLLYWOOD／HIGHLAND站

❺ *Pasadena*
帕薩迪納
MAP 別冊P3D1

位居市中心東北方的小城鎮。有美術館、博物館等藝術景點和大學，瀰漫著一股學術氣息。有Ⓜ金線行經，從聯合車站出發只需20分，交通相當便利。

CHECK! ●Paseo Colorado➡P41
●諾頓賽門美術館➡P41●One Colorado➡P41

Access>>> Ⓜ金線MEMORIAL PARK站

❺ 帕薩迪納

好萊塢環球影城

格里菲斯天文台

洛斯費利茲

❸ 好萊塢

❹ 梅爾羅斯

洛斯費利茲
位於格里菲斯公園的小高丘腳下，有許多電視、音樂相關產業的創意工作者都住在這區。

Ventura Fwy.

Glendale Fwy.

Golden State Fwy.

Pasadena Fwy.

Vermont Ave.

Western Ave.

Hollywood Fwy.

道奇球場

聯合車站

San Bernardino Fwy.

❻ 市中心

Santa Monica Fwy.

Santa Ana Fwy.

Pomona Fwy.

Harbor Fwy.

❹ *Melrose*
梅爾羅斯
MAP 別冊P5C2

特色商店、古著店一間接著一間相連的LA流行發信地之一，吸引許多對潮流敏感的年輕人聚集。這幾年在Fairfax Ave.右側區域也開設了許多設計師品牌的直營店。

CHECK! ●梅爾羅斯大道➡P32

Access>>> 地鐵巴士10、212/312路MELROSE AVE/LA BREA AVE等

❻ *Downtown*
市中心
MAP 別冊P3C2

高樓大廈櫛比鱗次的商業區於再開發計畫下，推出了綜合型娛樂設施L.A. Live成功引發話題。中國城、小東京也都在這一區。

CHECK! ●L.A.Live➡P20
●音樂中心➡P40
●洛杉磯當代美術館➡P40

Access>>> Ⓜ紅線、紫線CIVIC CENTER/GRAND PARK站，藍線、博覽線PICO站，金線LITTLE TOKYO/ARTS DISTRICT站等

DO NOT BLOCK INTERSECTION

Hollywood

洛杉磯觀光以這裡為起點！

電影之城好萊塢

好萊塢可說是LA的觀光焦點。好萊塢高地中心內設有眾多娛樂設施，
周邊的電影相關景點和店家也不容錯過！

\ Hollywood! /

EWS

重現電影《偏見
的故事》中的巴
比倫宮殿

好萊塢高地中心

Hollywood & Highland　MAP 別冊 P10B2

好萊塢觀光的
主要娛樂設施

坐落於Highland Ave.與Orange Dr.間的大型
複合式娛樂中心。廣大腹地內有布滿明星手
印和腳印的TCL中國劇院、以奧斯卡金像獎
頒獎典禮會場聞名的杜比劇院、商店和餐廳
等設施。

DATA 交 M 紅線HOLLYWOOD/HIGHLAND站即到
住6801 Hollywood Blvd. ☎(323)817-0200
時休視設施、店家而異
網hollywoodandhighland.com

\ We are "HEROES" /

★ ☆ ★

A 杜比劇院
Dolby Theatre

奧斯卡金像獎頒獎典禮的會場

自2001年開幕以來即為每年舉辦奧斯卡金
像獎頒獎典禮的場地。每年除了一百場以上
的音樂會和音樂劇等活動外，也提供參觀劇
場內部和後台的導覽行程（$20）。

DATA ☎(323)308-6300
時休金視活動而異
※導覽行程所需約30分

也作為音樂會
和活動的會場
使用

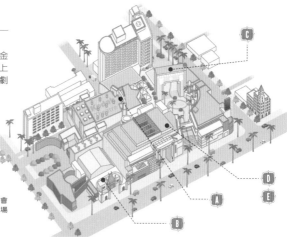

可將雙手按在手印上一起入鏡。要拍囉！1、2、3～

Ⓑ TCL中國劇院
TCL Chinese Theatre

好萊塢的地標
收集超過兩百多位名人手印和腳印的觀光名勝，從老牌明星到星際大戰的演員、布萊德彼特、強尼戴普等當紅人氣明星都有。經常是電影首映會的舉辦場地，也是會放映最新作品的電影院。

DATA 住6925 Hollywood Blvd. ☎(323) 461-3331 時依放映活動而異
網www.tclchinesetheatres.com

1927年興建的中國風建物

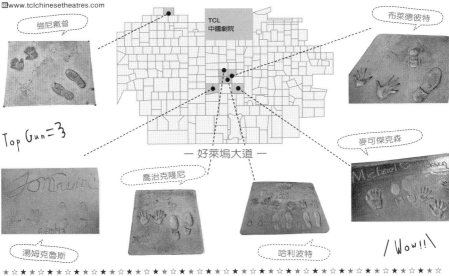

TCL中國劇院

強尼戴普

布萊德彼特

Top Gun ＝3

— 好萊塢大道 —

麥可傑克森

喬治克隆尼

湯姆克魯斯

哈利波特

/ Wow!! \

Ⓒ 巴比倫廣場
Babylon Court

眺望好萊塢標誌的最佳位置！
矗立於商店、餐廳環繞的中庭——巴比倫廣場上的高塔，是眺望好萊塢標誌的觀景點。天氣晴朗時可以望見正前方山頭的HOLLYWOOD文字看版，不妨以標誌為背景拍張照片留念吧。

DATA 住6801 Hollywood Blvd.

從這裡望出去！

正前方即好萊塢標誌的觀景點，擁有絕佳的視野

小憩片刻&購物SPOT！

Ⓓ Sephora

化妝品應有盡有
從名牌商品到新銳品牌齊聚一堂的化妝品專賣店。也有推出原創商品，與免稅店販售的品項略有不同。

DATA 住2F 229 ☎(323)462-6898 時10～22時（週日～20時） 休無休

唇蜜$7（左）、含美容液唇蜜$16（右）、指甲銼刀$2.50（上）

美國最受歡迎的美妝店

Ⓔ Grom

義大利冰淇淋
選用採收自合作農園的新鮮水果和食材製作，以天然的甜味與有益身體的成分博得人氣。依季節或不同日子會推出不同種類的口味。

DATA 住1F ☎(323) 873-2990 時10～22時（週六～24時） 休無休

面向街道的絕佳地理位置

草莓&濃縮咖啡雙口味冰淇淋（M）$6.25

好萊塢高地中心周邊的 推薦SPOT

Ⓐ 杜莎夫人蠟像館
Madame Tussauds Hollywood
🅼🅰🅿 別冊 P10B2

與超像本尊的蠟像拍張紀念照

集結了電影明星、運動選手、歐巴馬總統等100多位超豪華陣容。依實際尺寸製作的名人蠟像，逼真程度與本人不相上下。

DATA 交M紅線HOLLYWOOD/HIGHLAND站步行5分 住6933 Hollywood Blvd. ☎(323)798-1670 時10～19時(週六日～20時) 休奧斯卡金像獎頒獎典禮舉辦日 金$29.95 網www.madametussauds.com/hollywood

大牌明星齊聚，若要仔細欣賞，請預留2小時左右的時間

Ⓒ 好萊塢蠟像館
Hollywood Wax Museum
🅼🅰🅿 別冊 P10B2

與200多位明星面對面

重現了好萊塢明星在電影中的經典名場景，還能見到湯姆克魯斯、喬治克隆尼等人。參觀約需2小時。

DATA 交M紅線HOLLYWOOD/HIGHLAND站步行2分 住6767 Hollywood Blvd. ☎(323)462-5991 時10～24 時休無休 金$16.99 網www.hollywoodwaxmuseum.com

喬治克隆尼與芮妮齊薇格

©Hollywood Wax Museum

有超過200座以上的展示品

ⓘ 中央處設有遊客中心

杜比劇院

好萊塢高地中心

Ⓗ 洛伊斯好萊塢酒店

TCL
中國劇院

羅賓威廉斯
位於好萊塢高地中心的正面

巴比倫廣場

好萊塢
蠟像館
Ⓒ

杜莎夫人
蠟像館 Ⓐ

Las Palmas Ave.

HOLLYWOOD/
HIGHLAND站 Ⓜ

Highland Ave.

好萊塢大道

好萊塢羅斯福店(→P61)
Ⓗ

米老鼠的
星形獎章

Ⓑ 星光大道

好萊塢
博物館
Hollywood Museum
陳列電影服裝等近萬件展示品的博物館

強尼戴普
位於Ⓗ好萊塢羅斯福酒店的西側

麥可傑克森
位於TCL中國劇院前方，人氣No.1

湯姆克魯斯
位於杜比劇院的對面

埃及劇院
Egyptian Theatre
1922年開幕，為廣受喜愛歷史與傳統的電影迷青睞的獨立電影院

Ⓑ 星光大道
The Walk of Fame
🅼🅰🅿 別冊 P10A2～D2

從電影明星到歌手有多達2500人留名於此

Hollywood Blvd.兩側和Vine St.的人行道上鑲有刻上姓名的星形獎章，此舉是為了紀念曾在電影、電視、音樂、廣播、戲劇等領域貢獻卓越的業界人士。可以在TCL中國劇院前看見米老鼠的星形獎章。

DATA 交M紅線HOLLYWOOD/HIGHLAND站或HOLLYWOOD/VINE站即到

與喜愛的明星的星形獎章一起入鏡

星形獎章的數量每年約增加15～20顆

能找到幾顆明星的星形獎章呢？

Musso & Frank Grill

MAP 別冊 P11C2

好萊塢歷史最悠久的餐廳

自好萊塢全盛期營業至今的老字號餐廳，卓別林等昔日的明星都曾是座上賓。可邊用餐邊感受古老美好時代的氛圍。

DATA 交 Ⓜ 紅線HOLLYWOOD/HIGHLAND站步行4分 🏠6667 Hollywood Blvd. 📞(323)467-7788 🕐11～23時 🈲週一

彷彿電影場景般的復古風店內

刻劃90多年歲月痕跡的餐廳

搭配白葡萄酒一起享用的蛤蠣細扁麵 $20

Larry Edmund's Cinema Bookshop

MAP 別冊 P11C2

以電影為主的商品琳瑯滿目

創業於1954年的老書店。除了電影和戲劇的相關書籍外，劇本、照片等多元豐富的品項也是自豪之處，超過6000張的海報收藏尤其具有一看的價值。

DATA 交 Ⓜ 紅線HOLLYWOOD/HIGHLAND站步行7分 🏠6644 Hollywood Blvd. 📞(323)463-3273 🕐10時～17時30分（週六12～18時、週日12時～） 🈲無休

架上排列著50萬冊以上的電影攝影集和2萬多冊的劇本等

電影《麻雀變鳳凰》的場景

Ⓗ Las Palmas Hotel

Mussi & Frank Grill Ⓓ

Cherokee Ave.

Whitley Ave.

Ⓕ Larry Edmund's Cinema Bookshop

N. hudson Ave.

Wilcox Ave.

Ⓜ 往HOLLYWOOD／VINE站

N W E S

0 ___ 50m

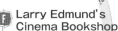

Hollywood Blvd. 地鐵紅線 METRO RED LINE

Ⓖ 好萊塢壁畫

Ⓔ Hollywood Toys & Costumes

寬敞的店內商品擺得琳瑯滿目，假髮和各式戲服都很豐富

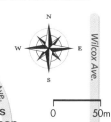

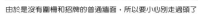

由於是沒有圍柵和招牌的普通牆面，所以要小心別走過頭了

Ⓔ Hollywood Toys & Costumes

MAP 別冊 P11C2

品項眾多的玩具和戲服

店內售有前美國總統歐巴馬的面具、各種顏色的假髮、角色扮演服飾、新奇玩具和公仔等，光看就樂趣無窮。

DATA 交 Ⓜ 紅線HOLLYWOOD/HIGHLAND站步行6分 🏠6600 Hollywood Blvd. 📞(323)464-4444 🕐9時30分～18時30分（週日10時30分～） 🈲無休

以國旗為主題的特別帽子$14.99

面具的陳列也很值得一看

Ⓖ 好萊塢壁畫
Hollywood Murals

MAP 別冊 P11C2

標題為「You Are The Star」

卓別林、瑪麗蓮夢露、詹姆斯狄恩等往昔大咖明星集聚一堂的壁畫，就位於Hollywood Blvd.和Wilcox Ave.的街角旁。

從電影公司的影城旅行團到明星豪宅巡禮

參加旅行團實地走訪好萊塢

電影之城好萊塢還推出了參觀電影攝影棚和明星豪宅等各式各樣的娛樂活動，
不妨就從這些LA才有的體驗行程來更接近好萊塢吧！

好萊塢電影影城旅行團

華納兄弟影城 VIP旅行團
Warner Brothers VIP Studio Tour　MAP 別冊 P2B1　區域 洛杉磯北部

連電影的布景和小道具皆可參觀

搭乘電動車於遼闊的腹地內環繞，可近距離參觀電影、電視的拍攝現場。除了能進到布景中拍照外，還會前往展示《哈利波特》戲服和小道具的博物館。

DATA ✕ M 紅線HOLLYWOOD/HIGHLAND站車程15分 ⌂ 3400 Riverside Dr. ☎(877)492-8687 ⏰8時15分～16時每隔30分鐘出發，所需時間3小時 ⊘無休 ♿ 💲$62 ※只提供英語導覽 🌐vipstudiotour.warnerbros.com

搭乘電動車於影城內輕鬆移動

可造訪電影和影集的拍攝場地

親臨影集《六人行》的攝影棚

還能坐在布景中拍照留念

強烈推薦給電影愛好者的旅行團！

迎接來客的吉祥物達菲鴨

還有還有！影城旅行團

索尼影城旅行團
Sony Pictures Studio Tour　MAP 別冊 P2B3　區域 庫佛市

徒步遊逛電影的拍攝場地

以步行方式參觀製作出電影《蜘蛛人》等賣座鉅片的攝影棚。不僅可以看到電影的實際場景，還能見到後台人員的工作現場，為內行電影迷的必訪行程。

DATA ✕ M 博覽線CULVER CITY站步行25分 ⌂10202 Washington Blvd. Culver City ☎(310)244-8687 ⏰9時30分、10時30分、13時30分、14時30分，一天4回。所需時間2小時 ⊘週六、日 💲$40 ♿ ※只提供英語導覽 🌐www.sonypicturesstudiotours.com

也是《藝伎回憶錄》的拍攝片場

派拉蒙影城旅行團
Paramount Pictures Studio Tour　MAP 別冊 P5D2　區域 好萊塢

好萊塢僅存的知名片場

成立於1912年，曾經打造出《鐵達尼號》等為數眾多的名作。以徒步和乘坐電動車的方式參觀，也會安排造訪人氣影集《歡樂合唱團》的攝影棚。

DATA ✕ 地鐵巴士10路MELROSE AVE/ WINDSOR BLVD步行1分 ⌂5555 Melrose Ave. ☎(323)956-1777 ⏰9時30分～14時每隔30分鐘出發，所需時間2小時 ⊘無休 💲$55 ♿ ※只提供英語導覽 🌐www.paramountstudiotour.com

此為現在的正門，舊門則位於片場內

前往麥可傑克森的淵源地朝聖

麥可傑克森
追悼之旅
Remember The M.J. Tour

追溯麥可傑克森軌跡的旅行團

前往麥可傑克森生前曾光顧的餐廳、MV拍攝地等與麥可傑克森有淵源的場所。只需事前告知想要參觀的景點或行程時間上的安排，資深導遊即可提供客製化的服務。

主辦:Dreams Come Tours
DATA ☎(714)618-8589
圖採客製化包團制，因此視參加者自訂的時間而異。所需時間最少5小時～ 圖無休
圖5小時$250，之後每增加1小時$50。依造訪場所有時需另付停車費、各設施門票、小費等。提供市中心和好萊塢周邊飯店的免費接送服務(上述以外區域的接送則需另外付費)
圖www.dreamscometours.com
(日文網頁) 🔲

前往參觀麥可傑克森所繪製的巨幅壁畫

位於「Beat It」取景街道的餐廳，當時的氛圍如今依舊

♪MV的拍攝場景也要♪ CHECK‼

麥可傑克森過世時所居住的比佛利山莊豪宅

©Copyright 2016 I The Broad
展示在市中心布洛德藝術館的麥可傑克森與寵物猴像
擺放麥可傑克森棺木的房間只能從門外窺視

在「Thriller」MV中變身殭屍的麥可傑克森跳起舞來的地方。地處後街巷道，只開放旅行團進出

★☆★★☆★★☆★★☆★★☆★★☆★★☆★★☆★★☆★★☆★★☆★★☆★★☆★★☆★★☆★

參觀明星的豪宅

電影明星豪宅
旅行團
Movie Stars Home Tour MAP 別冊 P10B2 區域 好萊塢
(Star Line Tours)

搭乘小巴來趟明星豪宅巡禮

全程以比佛利山莊的高級住宅區為中心，導遊會一一介紹行經的明星豪宅。沿著小山丘的狹窄山路上，隨處可見高牆環繞的明星豪宅。運氣好的話，說不定還有機會親眼目睹正要出門的大明星呢！

主辦:Star Line Tours
DATA 交M紅線HOLLYWOOD/HIGHLAND站步行3分
圖6925 Hollywood Blvd. ☎(323)463-3333 圖9時30
分～黃昏每隔30分鐘出發，所需時間2小時 ※無休 圖$47
🔲 www.starlinetours.com ※只提供英語導覽解說。
出發地點為TCL中國劇院旁的搭乘處

粉絲必看！明星的豪宅

湯姆克魯斯的豪宅

佔地遼闊只見得到大門

卡麥蓉狄亞茲的豪宅

小甜甜布蘭妮居住的門禁社區入口

StarLine TO
可從對明星瞭若指掌的司機口中打探訊息

從山上能看得一清二楚

說不定能巧遇名人呢！

令人憧憬的名流出沒SPOT♡

比佛利山莊和好萊塢有許多名人的御用餐廳及明星出資經營的店。
LA為眾多大明星的居住地，因此在街上碰到名人的可能性也相對較高？

在美食SPOT邂逅名流！

Pink's

MAP P33D1／別冊 P11D3
區域 梅爾羅斯

LA最有名的熱狗老店

創業於1939年，有時深夜還能目擊到搭豪華禮車前來享受老店美味的明星。為布魯斯威利向黛咪摩爾求婚的著名場所，整面牆上則裝飾著曾經來過店裡的明星照片。雖然得排隊才吃得到，但自開店以來風味始終如一的辣熱狗絕對值得一嚐！

DATA 地鐵巴士10‧212／312路LA BREA AVE/MELROSE AVE步行1分 709 N. La Brea Ave.
(323)931-4223 9時30分～翌2時(週五、六～翌3時) 無休

維持一貫風味
的辣熱狗$4.40
是人氣No.1

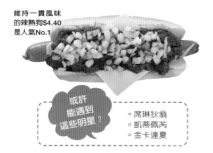

或許
能遇到
這些明星？

□ 席琳狄翁
□ 凱蒂佩芮
□ 金卡達夏

牆上滿是湯姆漢克斯等巨星的照片

1939年從路邊攤起家，如今仍在同一場所營業

名稱奇特的熱狗

●LORD OF THE RINGS
DOG $5.75
●MARTHA STEWART
DOG $7.25
●THE OZZY SPICY
DOG $8.25

★☆★

老闆為名人的餐廳

Tagine

MAP 別冊 P4B3
區域 比佛利山莊

萊恩葛斯林
的店

摩洛哥風味的餐廳

萊恩葛斯林與一吃成主顧的摩洛哥餐廳主廚Ben Benameur合夥創業的店。只有10個座位，道地的好口味廣受佳評。

DATA 地鐵巴士20路、地鐵快速巴士720路WILSHIRE BLVD/ROBERTSON BLVD步行1分 132 N. Robertson Blvd. (310)360-7535 18時～22時30分 週一 ※1人約$40～

店家規模不大但風味
相當道地

Ago Restaurant

MAP 別冊 P10A3
區域 梅爾羅斯

勞勃狄尼諾
的店

當代風格的北義大利菜

由擁有義大利血統的勞勃狄尼諾請來知名主廚所開設的餐廳。口味與氛圍均屬一流，也常有明星前來光顧。1人約$50～。

DATA 地鐵巴士10‧105路LA CIENEGA BLVD/MELROSE AVE步行2分 8478 Melrose Ave. (323)655-6333 12時～23時30分(週六、日18時～) 無休

能體驗名流氛圍的店內

Polkadots & Moonbeams

MAP 別冊 P9B4　**區域** 比佛利山莊

也廣受名流和設計師的青睞

米夏巴頓等眾多明星都在顧客名單之列，為業界人士最愛光顧的精品店。從服裝到飾品、包包等最新流行的商品羅列，每一樣都獨具品味。

DATA 地鐵巴士16/316·218路3RD ST/ORLANDO AVE步行1分 8361 W. 3rd St. (323)655-3880 11～19時（週日～18時）無休

以粉紅色為基調的可愛店內

復古風針式耳環$78（右）、$117～（左）

可愛的花色洋裝$117～

最適合夏天穿搭的TOMS涼鞋$69～

Welcome

珍妮佛羅培茲、茉莉亞羅勃茲、潘尼洛普克魯茲也會上門光顧！

粉紅色和黑色條紋非常好認

Moondance Jewelry Gallery

MAP 別冊 P8B1　**區域** 聖塔莫尼卡

增添明星風采的珠寶飾品

受到茉莉亞羅勃茲等諸多名人愛戴的珠寶店。除人氣品牌外也網羅了個人藝術家的作品，從簡約風格的銀飾品到珠寶應有盡有。

DATA BBB巴士3路MONTANA AVE/11TH ST步行10分 1530 Montana Ave. (310)395-5516 10～18時（週日11～17時）無休

可愛的星形戒指

點綴著五顏六色天然石的18K金戒指$2090

這些明星也是常客！
- 瑞絲薇斯朋
- 梅格萊恩
- 荷莉貝瑞

←也售有包包和皮革製品

由明星親自調配的商品

\琳賽蘿涵和麥莉希拉都曾製作過/

Millions of Milk Shakes

MAP 別冊 P4B2　**區域** 西好萊塢

掛上明星大名的奶昔

邀請麥莉希拉等人氣明星來店並挑選自己喜歡的水果和甜點做成奶昔，然後作為商品推出販售。每當明星來店的那天總會聚集大量人潮，很值得前往嘗嘗！

DATA 地鐵快速巴士4·704路SANTA MONICA BLVD/SAN VICENTE BLVD步行1分 8910 Santa Monica Blvd. (310)652-1118 12時～翌2時 無休

琳賽蘿涵調配的口味

味道清爽的綜合莓果$4.95～

麥莉希拉調配的口味

花生醬&餅乾口味$4.95～

還有這些明星的自製口味！
- 琳賽蘿涵
- 麥莉希拉
- 金卡達夏

也能製作個人獨創的奶昔口味

集音樂、運動、美食於一堂的複合商場

前往L.A.Live體驗娛樂饗宴

誕生於將市中心打造成大型娛樂城的再開發計畫的熱門複合設施，
提供音樂、運動、電影、美食等多元娛樂的空間。

今後也將是
矚目的熱門景點

L.A. Live

MAP 別冊 P6A4
區域 市中心

最夯的娛樂景點

LA當前最熱鬧的大型娛樂場所。L.A. Live的誕生讓原本廢墟化的市中心搖身一變。結合劇場、電影院等娛樂設施、葛萊美博物館等文化設施、樣式豐富的餐廳和飯店，玩上一整天也沒問題。

DATA 交M藍線、博覽線PICO站步行5分　住800 W. Olympic Blvd.
☎(213)763-5483　時休視設施而異　網www.lalive.com

運動迷必朝聖的史坦波中心
（左），音樂愛好者必訪的
葛萊美博物館（右）

★☆★★☆★★☆★★☆★★☆★★☆★★☆★★☆★★☆★★☆★★☆★★☆★★☆★★☆★★☆★★☆★★☆★

想享受露天活動的人就來這

微軟廣場
Microsoft Square **MAP** 別冊 P6A4

Yeah! Yeah!

L.A. Live內的主廣場

身兼出入口的主廣場會舉辦演唱會、電影首映會等各種戶外娛樂活動，透過巨型螢幕觀賞影片也極具吸引力。

DATA 交M藍線、博覽線PICO站步行7分

不僅能安心享受夜生活，充實程度也很讓人滿意！

中央廣場的大型螢幕為顯眼目標

在室內享受娛樂活動

微軟劇院
Microsoft Theatre

可容納7100位觀眾的劇院，為舉辦人氣歌手的現場演唱會、好萊塢電影首映會、各種頒獎典禮等活動的會場。

原為諾基亞劇院，於2015年改名

美食SPOT

Red Mango
MAP 別冊 P6A4

吃個甜點休息一下

LA最受歡迎的霜凍優格,甜度適中走健康路線。採用天然食材製作,口味也很豐富。

DATA 藍線、博覽線PICO站步行4分
1011 S. Figueroa St. (213)746-2646
11～23時(週五、六～24時) 無休

也很推薦果昔

霜凍優格
$3.50～

石榴果昔$5.95

Lawry's Carvery
MAP 別冊 P6A4

休閒的老字號餐館

由比佛利山莊牛排餐廳Lawry's(→P51)所經營的輕食店。暢銷的牛肋排三明治最適合當午餐享用,可輕鬆品嘗老店的好滋味。

DATA 藍線、博覽線PICO站步行4分
1011 S. Figueroa St.
(213)222-2212 11～21時(週六～22時、週日～20時) 無休

另附鐵醬的牛肋排616.49~

輕鬆享受美式風味

熱愛音樂的人就來這裡

葛萊美博物館
Grammy Museum
MAP 別冊 P6A4

體驗音樂的魅力

2008年為紀念音樂界最高榮耀的葛萊美獎創設50周年所成立的博物館。除了展示碧昂絲於頒獎典禮中穿著的禮服、葛萊美獎的相關文物外,還設有樂器演奏體驗區。

DATA 藍線、博覽線PICO站步行10分
800 W. Olympic Blvd. (213)765-6800 11時30分～19時30分(週六10時～) 無休 $12.95 www.grammymuseum.org

＼ 推薦區域 ／

展示至今為止的歷屆獎盃

可聆聽比較各種音樂的Music Epicenter

CHECK

也設有樂曲試聽區

依年代順序認識音樂歷史的展示

葛萊美獎頒發的金色留聲機

知名音樂人的特展等常設展以外的展示也不容錯過

Beyonce dress

2004年頒獎典禮中碧昂絲所穿著的禮服

喜歡運動的人就來這裡

史坦波中心
Staples Center
MAP 別冊 P6A4

洛杉磯湖人隊的主場地

為職業籃球NBA洛杉磯湖人與洛杉磯快艇;職業冰上曲棍球NHL洛杉磯國王隊的主場地。也以葛萊美獎的頒獎典禮場地而廣為人知,同時也是人氣歌手舉辦演唱會的會場。

DATA 藍線、博覽線PICO站步行4分
1111 S Figueroa St. (213)742-7100 視活動而異
www.staplescenter.com

在主場地感受迫力十足的職業比賽

票券的購買方法

洛杉磯湖人隊是?

有小飛俠柯比布萊恩等多位明星球員輩出的職業籃球隊伍,是曾獲得16次總冠軍的強隊。例行賽季為10月底～4月,每年球季會進行82場比賽。

欲欣賞演唱會或運動賽事前,請先上網確認時程表,票券可於史坦波中心的售票亭或官網購買。雖然有發售當日票,但熱門活動通常會提前售罄,確定行程後最好盡速購票。若要購買當日票,務必早起抵達售票窗口排隊。會場附近會聚集許多兜售黃牛票的人,請小心留意別買到假票。

娛樂度滿分的藝術景點
特色博物館

娛樂之都LA內,有許多展示各式各樣藝術的美術館。
從全世界的名畫到雕刻、嶄新的裝置藝術等,可盡情沉浸在藝術的世界中!

蓋提中心
Getty Center

MAP 別冊P2A2
區域 布倫特伍德

擁有世界級的收藏規模

展示石油大王保羅蓋提從全球蒐集而來的大量藝術作品,有梵谷的《鳶尾花》等歐洲繪畫以及雕刻、家具、裝飾品、照片等多元領域。廣大腹地內有5座展覽館,建築和庭園等景觀皆為藝術之作。若要仔細欣賞可能一天還逛不完。

DATA 地鐵巴士234路SEPULVEDA BLVD /GETTY CENTER DR步行1分 1200 Getty Center Dr. (310)440-7300 10時~17時30分(週六~21時、夏季的週六~21時、週日~19時) 週一 免費(若開車來需停車費$15) www.getty.edu

建築物本身就是藝術!

出自現代主義建築師Richard Meier之手的美麗建築也是參觀焦點

©The J.Paul Getty Trust

可搭單軌電車直抵山上的入口　　能眺望LA街景的景點

中央花園也是欣賞看景點之一

主要展示館

●北展館(North Pavilion)
以雕刻、裝飾美術、泥金裝飾手抄本等1600年前的美術品為中心。

●東展館(East Pavilion)
主要為義大利裝飾品和法國繪畫,《揚蹄馬》更是必看作品。

●南展館(South Pavilion)
以18世紀的繪畫和歐洲裝飾藝術為中心。

●西展館(West Pavilion)
18~20世紀的雕刻相當值得一看,攝影展也很有人氣。

●展示館(Exhibition Pavilion)
期間限定的特展專館。

蓋提中心內的Shop & Cafe

Museum Store

除了攝影集、美術相關書籍、明信片外,印上蓋提中心標誌的原創商品、別緻的文具用品等琳瑯滿目。

DATA 10~18時(週六~21時、夏季的週五~21時) 週一

推薦商品♪

附照明燈的鑰匙圈$6.95~

折疊尺$5~

©The J.Paul Getty Trust

Garden Terrace Cafe

擁有可一望美麗中央花園的絕佳視野。為主要提供輕食和飲品的休閒咖啡廳,最適合來此小歇片刻。

DATA 12~17時(冬季僅週六營業) 週一

take a break!

露天座位是好天氣時的最佳選擇

加州科學中心
California Science Center

也有體驗型展示！

MAP 別冊P3C3
區域 博覽公園

參觀太空梭！

可透過實際體驗學習科學、環境、宇宙等各方面知識的科學館。自2012年起太空梭「舊進號Endeavour」已被列為常設展示，能近距離欣賞其優美的外型。備有水族館的生態系統展區、IMAX電影院也很受歡迎。

DATA 交 M博覽線EXPO PARK/USC站步行7分
住700 Exposition Park Dr. 電(323)724-3623
時10～17時 休假日 金免費
網www.californiasciencecenter.org

推薦商品♪

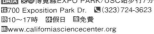

上起鑰匙圈$9.99、筆$9.99、磁鐵$6.99

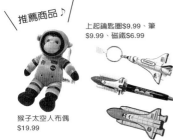

猴子太空人布偶$19.99

How Big!

能360度近距離觀賞累積25次飛行紀錄的舊進號英姿（上），現代化的外觀（中左），控制室的實景（中右），各式各樣的科學體驗（下）

洛杉磯郡立美術館
Los Angeles County Museum of Art (LACMA)

西海岸最大規模！

MAP 別冊P5C4
區域 漢考克公園

以多元豐富的收藏博得人氣

集結美國美術、歐洲美術及東洋、印度的美術品和雕刻等龐大收藏的綜合美術館，也設有展示江戶時代掛軸等文物的日本館。常設展以外的最新企畫展也廣受矚目，參觀請至少預留半天時間。

DATA 交地鐵巴士217路FAIRFAX AVE / 6TH ST步行1分
住5905 Wilshire Blvd. 電(323)857-6000 時11～17時(週五～20時、週六日10～19時) 休週三 金$15 網www.lacma.org

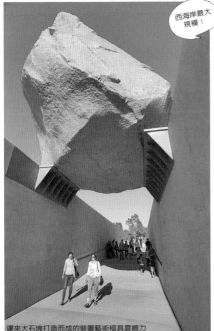

運來大石塊打造而成的裝置藝術極具震撼力

暱稱為LACMA的美術館有座顯眼的大門

2010年開幕的企畫展專用新館

推薦商品♪

安迪沃荷的便條紙$14.99

原創托特包$24.95

美麗繪盤的種類也很多樣$49～

可自由上下車的露天巴士Hop-on Hop-off

搭乘觀光巴士暢遊LA

能有效率地遊覽散落廣大洛杉磯各地觀光名勝的雙層巴士,是觀光客最方便的交通工具。
不妨善加利用,在有限時間之內好好享受觀光的樂趣。

坐上紅色雙層巴士
出發囉!

觀光巴士
Hop-on Hop-off

有6條路線巡迴各觀光景點

對於希望行程更有效率,但又不想租車自駕的觀光客,最推薦的就是Hop-on Hop-off,共有6條路線網羅洛杉磯的主要觀光景點。車資為均一價,可於時間內自由上下車。由於是開放露天的雙層巴士,因此能欣賞到開放感十足的景色。只要妥善安排,不論觀光還是購物都十分便利。

📞(800)959-3131 🕐運行時間視路線、季節而異,詳情請確認時刻表
🗓參照右欄 🚫無休 🌐www.starlinetours.com

如何搭乘Hop-on Hop-off

① 車票的購買方法

可於TCL中國劇院前、聖塔莫尼卡碼頭的售票處購買。購票時領取的小冊子上有路線圖和運行時刻表,請先行確認。

② 上下車都很簡單

搭乘時將購買的車票交給司機,換取一張印有時刻的乘車券。下次再搭乘時只需出示乘車券即可。

這點真便利!

共6條路線巡迴各主要區域

路線遍及好萊塢、比佛利山莊~聖塔莫尼卡、市中心、環球影城。還增加了連結洛杉磯機場~聖塔莫尼卡、瑪麗安德爾灣~聖塔莫尼卡的路線,越來越方便。

車資為均一價, 可自由上下車

車票有24小時$44、48小時$59、72小時$74等三種,可於時間內自由搭乘全部路線。

還會附上超值的優惠券

前往美術館等設施時出示乘車券就能享有門票優惠,詳情請參閱時刻表。

let's go!

以好萊塢為中心環繞的人氣路線

紅線 Red Route

運行DATA
行9〜20時，末班時間18時。每隔20〜30分
發車 ※夏季會延長1小時。有中文語音導覽
站無休

從好萊塢高地中心前出發，網羅好萊塢〜西好萊塢的主要觀光景點。
集觀光、購物、美術館巡禮、餐廳、Live House應有盡有！

❶ CHINISE THEATRE
巴士實際出發點為鄰近的好萊塢高地中心，請留意。

❷ GUITAR CENTER "ROCKWALK"

❸ CHATEAU MARMONT

❹ THE COMEDY STORE / SUNSET STRIP

❺ LONDON HOTEL / WHISKY A GO GO

❻ SANTA MONICA BLVD./ MILLIONS OF MILKSHAKES

❼ 3RD ST./ BEVERLY HILLS

※僅週日停靠站變更為REXFORD DR./BEVERLY HILLS

❽ FOUR SEASONS HOTEL, BH

❾ BEVERLY CENTER

❿ LA BREA TAR PITS / LACMA/ PETERSEN

⓫ FARMERS MARKET AND THE GROVE

⓬ MELROSE AVE. SHOPPING

⓭ PINK'S HOT DOGS

⓮ VINE STREET / PARAMOUNT STUDIOS

⓯ HOLLYWOOD AND VINE / PANTAGES THEATRE

可前往這裡！

❶

TCL中國劇院（ ・P13）
好萊塢觀光的焦點。也可在這兒購票，為3條路線的起點。
巴士站❶步行1分

❸
馬爾蒙莊園酒店
廣受名流愛戴、如城堡般隱密的知名飯店，是觀光客的拍照景點。
巴士站❸即到

日落大道

❺
人氣Live House比鄰而立的夜生活娛樂場，熱鬧非凡。
巴士站❺步行3分

The Viper Room

❺
前任老闆為強尼戴普的夜店，吸引不少名人上門光顧。
巴士站❺步行3分

❼

羅迪歐大道（ ・P30）
前往匯集PRADA、GUCCI等高級名牌店的商店街購物。
巴士站❼步行15分

羅伯森大道（ ・P28）
❾

名人愛逛的選貨店都集中在這地區，也能享受櫥窗購物的樂趣。
巴士站❾步行10分

農夫市場（ ・P46）
⓫

有許多適合當伴手禮送人的食材，還能嘗到世界各國的攤販美食。
巴士站⓫即到

洛杉磯郡立美術館（ ・P23）
❿

洛杉磯的代表性美術館，出示乘車券可享門票優惠。
巴士站❿即到

Beverly Center（ ・P48）
❾

有兩家百貨公司進駐的熱門購物商場，很方便遊逛。
巴士站❾即到

派拉蒙影城（ ・P16）
⓮
可參加造訪電影拍攝現場的攝影棚旅行團。
巴士站⓮步行10分

Pink's（ ・P18）
⓭
分量十足的熱狗！如果肚子餓了就在這站下車吧。
巴士站⓭步行1分

梅爾羅斯大道（ ・P32）
⓬
古著店間間相連，不妨來逛逛挖寶吧。
巴士站⓬即到

從比佛利山莊到聖塔莫尼卡

黃線
Yellow Route

路線涵蓋比佛利山莊到聖塔莫尼卡海灘的廣大範圍。也會行經UCLA和世紀城，觀光和購物都很便利。

運行DATA 圖9時25分～19時40分。首班車從 ⑦ MAIN ST./VISITOR INFORMATION CENTER出發，之後每30分一班。17時10分後的巴士終點站為 ⑤ WILSHIRE/ 3RD ST.PROMENADE ※視時期會有變動 休無休

⑦ 3RD ST. /BEVERLY HILLS

⑤ THE BEVERLY HILTON- SANTA MONICA BLVD.

⑤ HYATT CENTURY CITY /ANNENBURG MUSEUM

⑤ INTERCONTINENTAL CENTURY CITY

⑤ WESTSIDE PAVILION / SELBY AVE.

⑤ SANTA MONICA COLLEGE /17TH ST.

⑤ OCEAN AVE. / SANTA MONICA PIER

⑥ THE BEVERLY HILTON- WILSHIRE BLVD.

⑥ WESTWOOD /UCLA / HAMMER MUSEUM

⑥ BRENTWOOD N. SAN VICENTE BARRINGTON

⑥ BRENTWOOD COUNTRY MART

⑥ MONTANA AVE. / EUCLID ST.

⑤ WILSHIRE /3RD ST. PROMENADE

⑦號巴士站僅週日會變更場所（→◆參照 P25），轉搭紅線時請確認車行方向。

第三街步道 （→P36）

行人徒步區到深夜都還很熱鬧。
巴士站⑤即到

The Beverly Hilton

舉行金球獎頒獎典禮的飯店。
巴士站⑤⑥即到

聖塔莫尼卡海灘

眺望蔚藍大海和椰子樹邊散步相當舒適宜人。
巴士站⑤步行1分

聖塔莫尼卡碼頭

《阿甘正傳》等電影的取景地。
巴士站⑤步行1分

加州大學洛杉磯分校

可到校園感受學生的氛圍。
巴士站⑥步行15分

從聖塔莫尼卡到瑪麗安德爾灣

綠線
Green Route

連結聖塔莫尼卡海灘、威尼斯海灘和瑪麗安德爾灣的路線，有機會的話來世界屈指的遊艇碼頭逛逛吧。

⑦ FISHERMAN'S VILLAGE, MARINA DEL REY

⑦ WATERSIDE SHOPPING / ADMIRALTY WAY

⑦ PAKING LOT #7 / RIZ-CARLTON

⑦ HILTON GARDEN INN / MARINA BEACH

⑦ VENICE PIER / VENICE CANALS

⑦ VENICE BEACH / BOARDWALK

⑧ BURTON CHACE PARK / MINDANAO WAY

⑧ VENICE BEACH / BOARDWALK

⑧ VENICE BOARDWALK NORTH-END

⑧ OCEAN AVE. / SANTA MONICA PIER

⑧ 2ND ST / DOWNTOWN SANTA MONICA

⑦ MAIN ST. /MARINE ST.

Fisherman's Village

有許多海鮮餐廳和咖啡廳。
巴士站⑦即到
住13755 Fiji way.
☎(310) 822-6866
圖10～20時
※視時期而異 休無休

威尼斯海灘

也是廣為人知的衝浪聖地。
巴士站⑦⑧步行5分

運行DATA 圖9時38分～17時40分，首班車從⑧ OCEAN AVE. /SANTA MONICA PIER 出發，之後每30分一班 ※視時期會有變動 休無休

連結瑪麗安德爾灣和機場

橘線
Orange Connector

巡迴瑪麗安德爾灣到洛杉磯機場周邊飯店的路線。於⑦FISHERMAN'S VILLAGE, MARINA DEL REY換搭綠線，即可前往聖塔莫尼卡和威尼斯海灘。

⑦ FISHERMAN'S VILLAGE / MARINA DEL REY

⑨ HILTON LAX / CENTURY BLVD.

⑨ CENTURY BLVD./ AIRPORT BLVD.

⑨ WATERSIDE SHOPPING / FIJI WAY

⑨ RADISSON LAX/ CENTURY BLVD.

⑨ CENTURY BLVD / SHERATON GATEWAY

※ ① ⑦ ⑦ 是轉乘站

運行DATA 圖8時50分～18時30分。首班車從⑨ LA QUINTA/ CENTURY BLVD.出發，之後每小時一班。末班車的終點站為 ⑨ RADISSON LAX/CENTURY BLVD ※視時期會有變動 休無休

瑪麗安德爾灣

在世界屈指的遊艇碼頭悠閒漫步。

蓋提中心 ● Sunset Blvd.

布倫特伍德 西木區

San Vicente Blvd.

⑥ ⑥ 西洛杉磯

Santa Monica Blvd.

⑥

蓋提別墅

往馬里布

⑤ ⑧ ⑧ 聖塔莫尼卡 機場

⑤ ⑧ ⑩ Pico Blvd. Santa Monica F

⑤ ⑤

聖塔莫尼卡海灘 Main St. ⑦ 威尼斯

⑧ ⑦ ⑦ ⑦ ⑦ ⑦

威尼斯海灘 ⑧ ⑧

⑧ ⑧ ⑧ ⑧ ⑧ ⑦

瑪麗安德爾灣 ⑧ ⑨ ⑦ ⑨

聖塔莫尼卡灣

Lincoln

洛杉磯國際機

N

0

這裡要注意！

小冊子上印有所有路線的運行時刻和行駛地圖，搭乘前可參考一下。若遇上塞車多少會延誤點時間，此外要留意有些巴士站離觀光景點還要走上20分鐘左右。當天色變暗後，要特別小心在巴士站候車的安全性。

環球影城（→P70）

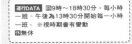

能同時享受好萊塢觀光和主題樂園，請留意末班車時間較早。
巴士站❷即到

㉒	UNIVERSAL STUDIOS/ "CITY WALK"
㉓	HILTON UNIVERSAL
㉔	SHERATON UNIVERSAL
㉕	HOLLYWOOD BOWL AMPHITHEATRE
❶	CHINESE THEATRE

從好萊塢到環球影城
藍線
Blue Connector

連結環球影城和TCL中國劇院的路線。末班車的時間較早，想玩晚一點的人回程可搭地鐵或計程車。此路線並非雙層觀光巴士，而是一般的接駁巴士。

> 運行DATA ⏰9時～18時30分，每小時一班。午後從13時30分開始每一小時一班。 ※視時期會有變動
> 🚫無休

從好萊塢到市中心
紫線
Purple Route

好萊塢出發後主要繞行市中心的路線，要前往欣賞音樂或戲劇、體育賽事等娛樂設施都很方便。也會經過中國城和小東京。

㊲ 可從這裡轉搭地鐵
DATA →P40
巴士站❻步行4分

L.A. Live（→P20）
㊹ 離葛萊美博物館（→P21）很近。
巴士站❹步行1分

㉟㊱兩個巴士站最靠近。
巴士站㉟㊱即到

> 運行DATA ⏰9時10分～20時25分。17時和18時30分出發的終點站為㉛EGISON CO. #28 /7TH STREET ※視時期會有變動
> 🚫無休

❶	CHINISE THEATRE
㉛	ENGINE CO. #28 / 7TH STREET
㉜	WESTIN BONAVENTURE HOTEL
㉝	WALT DISNEY CONCERT HALL /MOCA
㉞	CIVIC CENTE
㉟	CHINATOWN CENTRAL PLAZA
㊱	CHINATOWN SHOPPING MALLS
㊲	OLVERA STREET / PUEBLO /UNION STATION

㊻	WESTIN BONAVENTURE HOTEL
㊺	ENGINE CO. #28 / 7TH STREET
㊹	L.A.LIVE / GRAMMY MUSEUM
㊸	CONVENTION CENTER / STAPLES CENTER
㊷	FASHION DISTRICT / SANTEE ALLEY
㊶	JEWELRY DISTRICT / LOS ANGELES THEATRE
㊵	CENTRAL LIBRARY
㊴	GRAND CENTRAL MAR KET
㊳	LITTLE TOKYO

洛杉磯的流行指標地區

走高級路線的比佛利山莊

時髦選貨店林立，以潮流發信地著名的羅伯森大道，是旅客的必訪之地。
不妨以徒步方式遊逛，途中還可選家咖啡廳小歇片刻！

時髦選貨店雲集！ **MAP** 別冊P4B3
Robertson Blvd.
羅伯森大道

街頭漫步POINT 🚶

3rd St.到Beverly Blvd.間的兩個街區兩側選貨店和精
品店比鄰而立，徒步即可遊逛。走累了就到咖啡廳休息
一下，享受悠閒購物的氣氛。

👜 Splendid
MAP P29A2／別冊P9A3

舒適好穿的休閒服飾

設計簡單、線條俐落的T恤穿起來很舒
服，連潔西卡艾芭、卡麥蓉狄亞茲等諸多
名人也是愛用者。肌膚觸感滑順，為穿搭
時的必備單品。

DATA 🚇地鐵巴士16/316·220路3RD ST/
ROBERTSON BLVD步行7分
🏠111 S. Robertson Blvd. 📞(310)860-0334
🕐10～19時（週日11～18時）無休

容易搭配的設計款式豐富多樣

LA特有的開放式外觀

剪裁有型
的長袖T
恤$128

輕鬆休閒
的連身褲
$148

經典款條
紋T恤$78

 \ 這些分店也要Check！ /

👜 Splendid Pasadena
MAP P41A1

位於潮流人士聚集的帕薩迪納舊市區，古老建築
佇立的街道也很適合散步閒逛。

DATA 🚇Ⓜ金線
MEMORIAL PARK
站步行8分
🏠113 W. Colorado
Blvd. Pasadena
📞(626)683-4915
🕐10～19時（週日11
～18時）無休

還會定期舉辦
特賣會

👜 Splendid the Grove
MAP 別冊P5C3

地處人氣購物中心The Grove內，週末還會延長
營業時間，相當方便。

DATA 🚇地鐵巴士
16/316·217·218、
地鐵快速巴士780路
FAIRFAX AVE./
3RD ST.步行6分
🏠189 The Grove
Dr. 📞(323)933-
2990 🕐10～21時
（週五六～22時、週
日～20時）無休

涼爽樹蔭間的店家入口

流行時尚

Sky
MAP P29A2／別冊P9A3

客戶Made in LA

充滿加州風格的鮮豔顏色裙子和上衣，最適合作為旅遊紀念。從設計到縫製皆為加州當地製造，這份執著也正是人氣的秘密。

DATA 地鐵巴士16/316·220路3RD ST/ROBERTSON BLVD步行1分
120 S. Robertson Blvd.
(310) 274-7929
11～19時（週日12～18時）
無休

鮮藍色的短款連衣裙$141

很適合搭配七分褲、牛仔褲的短款連衣裙$191

多款色系的長裙也很推薦喔

度假風裙裝的選擇性也很多

名流出沒SPOT　喀嚓！

常春藤蔓與白色遮陽傘十分醒目

The Ivy
MAP P29A1／別冊P9A3

因為是狗仔隊常出沒的拍攝熱點而聞名。中庭座位區尤其熱門，說不定隔壁桌就坐著某位名人呢！

DATA 地鐵巴士16/316·220路3RD ST/ROBERTSON BLVD步行3分
113 N. Robertson Blvd.
(310) 274-8303　8～23時（週日～22時30分）　無休

★☆★☆★☆★☆★☆★☆★☆★☆★☆★☆★☆

流行時尚

Curve
MAP P29A1／別冊P9A3

時尚紳雅的品味

呈紐約Loft工業風，裝潢別緻的選貨店，以VALENTINO等歐洲名牌為主，商品陳列得很有品味。

DATA 地鐵巴士14路ROBERTSON BLVD/BEBERLY BLVD步行即到
154 N. Robertson Blvd.
(310) 360-8008
11～19時（週日12～18時）
無休

有搖滾風馬靴等多元品項

繡有M字的可愛帽子$1000

以高品質商品為主力，有許多都是只有一件

商品從休閒到正式都一應俱全

小憩片刻SPOT

異國料理

Jack n' Jill's Too
MAP P29A2／別冊P9A4

也很推薦早午餐♪

以附大量水果的鬆餅和可麗餅最受歡迎。除甜點外也提供加了蔬菜、肉的可麗餅和沙拉，當成午餐或晚餐都OK。

DATA 地鐵巴士16/316·220路3RD ST/ROBERTSON BLVD步行即到　8738 W. 3rd St.　(310) 858-4900　9～15時，17時30分～21時（週六日9～21時）　無休

店內總是人潮不斷

藍莓鬆餅$11是早餐的熱門首選

比佛利大道
Beverly Blvd.

星巴克

TOMMY HILFIGER
REISS
Polo Ralph Lauren
M·A·C
Ted Baker
CHANEL

●Curve

The Ivy●

Robertson Blvd.

●INTERMIX
●Kiehl's
Chaya

Alden Dr.

Gracie Allen Dr.

●LF
●Vince
●Nanette Lepore
●Anya Hindmarch

Splendid●

羅伯森大道

●Sky

Optx●

BCBG
●Max Azria

Cuvee●

3rd St.

Jack n' Jill's Too
16/316,220
PIZZERIA ILFICO
●Le Pain Quotidien

16/316,220

Kalologie

American Apparel
P43

N

憧憬名牌齊聚！ MAP 別冊P9A1~2

Rodeo Drive
羅迪歐大道周邊

街頭漫步POINT

以地鐵巴士20路的WILSHIRE BLVD／RODEO DR為起點。店家多集中在Rodeo Dr.和Beverly Dr.的兩側，Wilshire Blvd.的沿路上高級百貨公司林立。慢慢閒逛需2~3小時。

購物商場

Two Rodeo
MAP P31B2／別冊P9B2

仿歐洲式的街道

位於羅迪歐大道入口的小型購物商場，也是很受歡迎的拍照景點。內有可享用早午餐的奢華餐廳，以及Tiffany、VERSACE等高級名牌店。

DATA 地鐵巴士20·720路RODEO DR／WILSHIRE BLVD步行即到
Wilshire Blvd.和Rodeo Dr.的一角

宛如電影場景般的奢華氣氛

購物中心

Rodeo Collection
MAP P31A1／別冊P9A1

別緻優雅的購物中心

以紅磚與大理石蓋成的建築物環繞在中庭四周，營造出高級感。除眾多高級名牌專櫃外，也入駐了許多個性店家，逛累了還可到咖啡廳休息一下。

DATA 地鐵巴士4·16/316路 CAMDEN DR／SANTAMONICA BLVD步行4分
421 N. Rodeo Dr.
(310) 276-9600
視店鋪而異

有30間店家和餐廳進駐

可於沉穩氛圍中悠閒地購物

☆☆ \ 威爾榭大道的高級百貨公司 / ☆☆

Neiman Marcus
MAP P31A2／別冊P9A2

名流御用的百貨公司

1907年創立於德州達拉斯的百貨公司。從高級名牌到家飾品、禮品、化妝品都一應俱全，廣受消費者歡迎。

DATA 地鐵巴士20路ROXBURY DR／WILSHIRE BLVD步行1分
9700 Wilshire Blvd. (310) 550-5900 10~19時(週日11~18時)
無休

Saks Fifth Avenue
MAP P31A2／別冊P9A2

NY的高級百貨公司

以紐約為根據地的人氣高級連鎖百貨公司，服飾、鞋、包包、飾品等商品應有盡有。

DATA 地鐵巴士20路ROXBURY DR／WILSHIRE BLVD步行2分
9600 Wilshire Blvd. (310) 275-4211 10~19時(週四~20時、週日12~18時)
無休

Barneys New York
MAP P31B2／別冊P9A2

洋溢著十足的高級感

總部設在紐約曼哈頓的高級百貨公司，目前已進軍至世界各地。原創商品的種類也相當豐富。

DATA 地鐵巴士20路CAMDEN DR／WILSHIRE BLVD步行即到
9570 Wilshire Blvd. (310) 276-4400 10~19時(週四~20時)
無休

電影取景地 📷 喀嚓！

比佛利山威希爾酒店
Beverly Wilshire Beverly Hills
(A Four Seasons Hotel)

MAP P31B2／別冊P9B2

曾為電影《麻雀變鳳凰》的拍攝
場地，即片中李察吉爾所下榻的
飯店。雖然實際上只有拍到外
觀，還是很值得進去光顧一下裡
頭的咖啡廳。

DATA ⊠地鐵巴士20路RODEO DR/
WILSHIRE BLVD步行即到
⊞9500 Wilshire Blvd. ☎(310)275-
5200 ⊞⊗⊕①$525～ ⊠www.four
seasons.com/beverlywilshire

比佛利花園公園 ● Valerie Beverly Hills ●
16/316♀
Hotel De
Flores H
● Porta Via
Bank of
America
● 星巴克
Crescent Dr.
● Il Pastaio
Brighton Way
North Santa Monica Blvd.
South Santa Monica Blvd.
4,16/316
● The North Face
Cafe Roma
Canon Dr.
Sprinkles
Cupcakes
4,16/316
Rodeo
Collection
Le Pain Quotidien
Crustacean Euro
Vietnamese Cuisine
Planet ●
Blue P42
Roots ●
L'OCCITANE
● The
Cheesecake
Factory
Beverly Dr.
14♀
Empolio
Armani
Banana
Republic
● Levi's
Rodeo Dr.
Rite Aid
Judi's Deli
Pressed
Juicery P59
Il Fornaio
Prada ●
H Luxe Hotel
Rodeo Drive P61
Roxbury Dr.
Bedford Dr.
Camden Dr.
Mr Chow
Restaurant
Dayton Way
● Two Rodeo
Barneys
New York
20♀
20♀
720♀
威爾榭大道
Wilshire Blvd.
20♀
Niketown
20♀
cut P50
20♀
Neiman
Marcus
20♀
Saks Fifth ●
Avenue
20♀
比佛利山
威爾希爾酒店
N

cut P50

美妝品

Valerie Beverly Hills
P31B1／別冊P9B1

名流御用的化妝品

由擔任妮可基嫚等多位名人的彩
妝師Valerie所開設的店。除腮紅
等原創化妝品外，還推出了化妝
包之類的商品。

DATA ⊠地鐵巴士16/316路CANON DR/
SANTAMONICA BLVD步行1分
⊞460 N. Canon Dr. ☎(310)274-7348
⊞10～18時 ⊞週日

唇蜜$25

花瓣狀的
Cheek Rose
Blush $55

每一款都讓人忍不住想
拿起來試用

化妝包、刷具等
小物類也很充實

也有彩妝課程（收費）

附粉刷的礦物質蜜粉
$55

★☆

杯子蛋糕

Sprinkles Cupcakes
MAP P31A1／別冊P9A1

LA最具代表性的杯子蛋糕

為LA杯子蛋糕界的先驅。備有20多
種類的杯子蛋糕，會依星期幾變換
口味。最暢銷的是看起來如紅色海
綿般的Red Velvet。

DATA ⊠地鐵巴士4·16/316路CAMDEN
DR/SANTAMONICA BLVD步行2分
⊞9635 S. Santa Monica Blvd.
☎(310)274-8765
⊞9～21時（週日10～20時） ⊞無休

Strawberry（左）、
Black & White各$3.75

點餐時告知
店員For
here即可在
店內享用

排隊人潮有時會多到店
外的人氣店家

杯子蛋糕預拌粉各
$14，可在家試做看看

十分可愛的扮家家酒玩
具$15

一窺LA的潮流

梅爾羅斯 & 拉布雷亞

梅爾羅斯區引人目光的精品店、選貨店和古著店林立，愛逛街的人絕不能錯過。
若對街頭流行感興趣的話，也可順道造訪一下拉布雷亞區。

古著&個性派店家聚集　MAP 別冊P10~11A-D3

Melrose Avenue
梅爾羅斯大道

街頭漫步POINT

以地鐵巴士10・212／312路的MELROSE AVE／FAIRFAX AVE為起點。Fairfax Ave.的西側以高級精品店和選貨店為主，東側則多為休閒流行店和古著店。若從西側一路逛到東側，需花上一整天時間。

古著店

📩 L.A.Rose Vintage Fashion　MAP P32A1／別冊P10B3

少女風格的商品琳瑯滿目

店內以60～80年代的古著商品為大宗，有許多帶花樣或蕾絲的可愛樣式。還有罕見的典藏包款，絕不可錯過。

DATA 🚇地鐵巴士10・48路MELROSE AVE/CRESCENT HEIGHTS步行即到 🏠8064 Melrose Ave. 📞(323)938-9909 🕐12~18時 🚫週日

經典華麗風格的上衣 $45

配件、包包之類的小物也很豐富

60年代後半期的復古洋裝 $68

廣受歡迎的手作飾品 $125

店面不大，但商品種類齊全

專賣店

Ron Herman

MAP P32A1／別冊P10B3

名流御用的專賣店

由活躍於業界的買家Ron Herman所經營的專賣店。從知名設計師到在地新銳設計師、別處買不到的商品等應有盡有。還附設咖啡廳。

DATA 地鐵巴士10路MELROSE AVE/CRESCENT HEIGHTS BLVD步行即到 8100 Melrose Ave. (323)651-4129 10～19時（週日12～18時） 無休

前身為Fred Segal的店鋪

也深受許多名流愛戴

古著店

World of Vintage T-shirts

MAP P32B1／別冊P11C3

尋找珍貴的T恤

古著T恤的專賣店。店內蒐集了兩千多件60年代的珍貴T恤，連賈斯汀等名人都會光臨。

DATA 地鐵巴士10路MELROSE AVE/SPAULDING AVE步行即到 7701 Melrose Ave. (323)651-4058 11～19時 無休

享受珍貴T恤的挖寶樂趣

想找古著T恤的話來這裡準沒錯！

帽子

Goorin Bros

MAP P32B1／別冊P11C3

高級帽子的專門店

以訂製帽子店起家的老舖，店內陳列著許多品味獨具的時尚帽子。其中很多都是國內少見的款式，相當值得逛逛。

DATA 地鐵巴士10路MELROSE AVE/SPAULDING AVE步行1分 7627 Melrose Ave. (323)951-0393 11～20時（週日～18時） 無休

能增添優雅氣質的高級羊毛帽 $50

多試戴幾頂選出最合意的一款

也很適合休閒場合的黑帽$45

名流出沒SPOT 喀嚓！

Pink's→P18

\ 還有! /
梅爾羅斯的推薦店家

鞋

用丹寧布製成的馬靴$300

👜 310 Jeans
MAP P33C1／別冊P11D3

全世界僅此一雙的馬靴

以丹寧布等質料製成馬靴及服飾,新奇獨特的設計廣受好評。為LA的在地品牌,每一雙馬靴都是原創之作。定期會舉辦75折的折扣優惠。

DATA 🚇地鐵巴士10·48路MELROSE/MARTEL步行1分
🏠7408 Melrose Ave. 📞(323)852-3619 🕐12～19時 🚫無休

↑除丹寧布外還有各種材質的產品
→有許多LA特有的華麗設計款馬靴

★☆★☆★☆★☆★☆★☆★☆★☆★☆★☆★☆★☆★☆★☆★

店內的氛圍彷彿穿越時空回到60年代

胸前花樣可愛的藍色圓點洋裝
$138

古著店

👜 Chuck's Vintage
MAP P32A1／別冊P10B3

古著牛仔褲的款式也很充實

店內售有LEVI'S等品牌的古著商品。從牛仔褲、禮服到皮衣、馬靴、皮帶等皮革製品滿滿地羅列在店內,老闆選貨的好品味有口皆碑。

DATA 🚇地鐵巴士10路MELROSE AVE/CRESCENT HEIGHTS BLVD
步行2分 🏠8012 Melrose Ave. 📞(323)653-5386 🕐12～18時
🚫週日

牛仔褲和皮革製品都很值得下手

復古的室內擺設也很吸睛!

斑駁痕跡超有質感的馬靴$800

背後刺繡圖案讓人印象深刻的牛仔外套$4000

★☆★☆★☆★☆★☆★☆★☆★☆★☆★☆★☆★☆★☆★☆★

養生飲食

🍴 M Café
MAP P32D1／別冊P11D3

時髦的養生飲食專門店

玻璃櫃內擺滿了沙拉、壽司、配菜!完全不添加肉的漢堡竟出乎意料的好吃,很值得一嘗。以糙米做成的蓋飯等日式料理也十分豐富。

DATA 🚇地鐵巴士10·212/312路MELROSE AVE/LA BREA AVE步行1分
🏠7119 Melrose Ave. 📞(323)525-0588
🕐9～22時(週日～21時) 🚫無休

碎丁蔬食沙拉$12

純素稻荷壽司$2.25,海鮮稻荷壽司$2.50

煙燻鮭魚班尼迪克蛋$12

裝潢時髦的店面

街頭系＆家飾店眾多
La Brea 別冊P5D3
拉布雷亞

街頭漫步POINT 🚶

以地鐵巴士212／312路的LA BREA AVE／1ST ST為起點。Beverly Blvd.和2nd St.間居家飾品店、街頭品牌店齊聚，餐廳則大多在Beverly Blvd.沿路上。

球鞋
Undefeated
MAP P35A2

專賣運動鞋的選貨店

充滿時尚感的街頭系運動鞋專門店。陳列在整面牆上的運動鞋宛如一幅藝術作品。

DATA 🚇地鐵巴士212／312路LA BREA AVE／1ST ST步行1分 🏠112 S. La Brea Ave. 📞(323)937-6077 🕐11～19時（週日12～18時） 無休

網羅NIKE、CONVERSE等各種品牌

街頭流行
Stussy
MAP P35A2

代表性的街頭文化品牌

台灣也設有直營門市的滑板品牌。有多款印有商標的T恤和運動衫，還有與CONVERSE合作推出的商品。

DATA 🚇地鐵巴士212／312路LA BREA AVE／1ST ST步行即到 🏠112 S. La Brea Ave. 📞(323)933-2251 🕐11～19時（週日12～18時） 無休

造型寶特瓶
袋$36

圓點模樣的
棒球帽$28

牆面上繪有普普藝術風格插畫的店內

★☆☆☆★☆★☆★☆★☆★☆★☆★☆★☆★☆★☆★☆★☆★

精品選貨店
American Rag Cie
MAP P35A2

個性派品牌大匯集

除了以歐美品牌為中心的服飾、鞋、配件、包包之外，還有70～90年代的古著商品及各式各樣的品項。也不妨順道一起逛逛與店內互通的Maison Midi。

DATA 🚇地鐵巴士212／312路LA BREA AVE／2ND ST步行即到 🏠150 S. La Brea Ave. 📞(323)935-3154 🕐10～21時（週日12～19時） 無休

店內也有販售家飾品

家飾品＆咖啡廳
Maison Midi
MAP P35A2

咖啡廳裡的家飾店

以南法為設計意象的家飾店。色彩繽紛的廚房用品、小物、圍裙等應有盡有。附設有咖啡廳，可點份輕食或甜點休息片刻。

DATA 🚇地鐵巴士212／312路LA BREA AVE／2ND ST步行即到 🏠148 S. La Brea Ave. 📞(323)939-9860 🕐10～19時（週日12時～） 無休

彌漫著南法氣息的店內

附沙拉的白肉魚三明治
$15.95

香烤牛排佐鮮蝦
$19.95

享受陽光與藍天

開闊感十足的聖塔莫尼卡

於LA眾多海灘中交通最方便，深受觀光客歡迎的區域。
洋溢著明朗的氛圍，直至深夜人潮依舊熱絡。第三街步道周邊就是市中心。

聖塔莫尼卡最熱鬧的大街　🗺別冊P8A1~2

3rd Street Promenade
第三街步道

街頭漫步POINT 🚶

第三街步道的Broadway到Wilshire Blvd.的3個街區
為行人徒步區，兩側店家比鄰而立。從好萊塢過來可搭
地鐵快速巴士704路；從市中心的話可搭地鐵快速巴士
720路，聖塔莫尼卡當地的移動則搭BBB巴士最方便。

三層樓建築的露天購物中心

購物中心

🏬 聖塔莫尼卡廣場
Santa Monica Place　🗺P37A3

光線明亮的開放式商場

充滿開放感的購物中心，有從休閒到高級品牌近百
家店舖與兩座大型百貨公司進駐。餐廳、美食街的
選擇性也很多樣，若逛累了不妨坐下來歇口氣吧。

DATA 🚌BBB巴士1・7路BROADWAY/3RD ST PROMENADE步
行即到　🏠395 Santa Monica Place
📞(310)260-8333　🕐10~21時（週日11~20時）　🈳無休

聖塔莫尼卡廣場內的推薦SPOT

百貨公司

Bloomingdale's

當地的人氣百貨公司，從化妝品
到服飾應有盡有。

DATA 🏠1-2F 📞(310)685-6400

百貨公司

Nordstrom

以牛仔褲起家的百貨公司，鞋
類商品相當充實。1樓設有咖
啡廳。

DATA 🏠1-3F 📞(310)752-2701

包包

LeSportsac

秉持「機能決定造型」的哲學，符合功能
性訴求的包款和小袋子深獲全球女性消費
者的喜愛。

DATA 🏠1F 📞(310)899-6876

還有多款美國限
定、西海岸限定
商品

WEST COAST托
特包$56

休閒時尚

Brandy Melville
MAP P37A2

來自義大利的可愛品牌

價格實惠，廣受LA年輕女性青睞，連芭黎絲希爾頓等人也是愛用者。店內的陳列展示也相當別緻，光欣賞就樂趣無窮。

LA店原創的壁掛裝飾 $15

熱銷的印字T恤$25

DATA 交BBB巴士1·7路BROADWAY/3RD ST PROMENADE步行1分　住1413 3rd St. Promenade　☎(310)434-1945　時10～22時(週五、六～23時，週日11～21時)　休無休

流行服飾·雜貨

Anthropologie
MAP P37A2

有許多極具女人味的衣款和小物

以散發出女性柔和清純感覺的服飾為中心，另外還有飾品、小物、雜貨、餐具等多元商品。

以橘色作點綴的T恤$58

波希米亞風的髮飾$25

DATA 交BBB巴士1·7路BROADWAY/3RD ST PROMENADE步行3分　住1402 3rd St. Promenade　☎(310)393-4763　時10～21時(週五、六～22時，週日11時～)　休無休

玩具

Puzzle Zoo
MAP P37A2

要找公仔就來這兒！

從蒐藏商品到針對成人客層的品項都一應俱全的玩具店。電影或電視中的人氣美國漫畫人物公仔，也是玩具迷追逐的焦點。

手電筒$14.29

存錢筒$22.59。美國漫畫商品的選項豐富

DATA 交BBB巴士1·7路BROADWAY/3RD ST PROMENADE步行2分　住1411 3rd St. Promenade　☎(310)393-9201　時10～21時(週五、六～22時，週日11時～)　休無休

電影取景地

聖塔莫尼卡碼頭
Santa Monica Pier　**MAP 別冊P8A2**

擁有百年歷史的木棧橋。以電影《鋼鐵人》和影集《飛越比佛利》等多部電影、影集的取景地聞名，餐廳「Bubba Gump Shrimp」也曾在湯姆漢克斯主演的《阿甘正傳》中登場。

棧橋的末端還有座遊樂園

DATA 交BBB巴士4路OCEAN AVE/BROADWAY步行7分、聖塔莫尼卡廣場步行5分　住Colorado Ave.走到底　☎(310)458-8295　時視設施、店家而異　休視設施、店家而異　網santamonicapier.org

LA最潮的街區
MAP 別冊P2A3

Abbot Kinney Blvd.

阿伯特金尼大道

街頭漫步POINT 🚶

沿著威尼斯海灘的步道Ocean Front Walk走15分鐘即可抵達。街道兩側盡是時髦的商店和餐廳,最適合悠閒地漫步其間。從頭到尾慢慢逛的話約需1小時左右。

雜貨
Burro
MAP P38B1

有不少可愛的雜貨和小物

從文具、香皂、廚房用品等雜貨,到飾品、帽子、包包、T恤等擄獲少女心的商品琳瑯滿目。

花紋筆記本
$9.95,杯墊$9.75(前)

可享受挖寶樂趣的店內

DATA 🚌BBB巴士1路CALIFORNIA AVE/ABBOT KINNEY BLVD步行2分 🏠1409 & 1405 Abbot Kinney Blvd. 📞(310)450-6288 🕐10~20時 ⛔無休

文具
Urbanic Paper Boutique
MAP P38B1

漂亮別緻的文具用品

正如店名所示,是一家以包裝紙、卡片、手帳等紙製品為主的文具店。只有這裡才買得到的原創明信片等品項,也是不錯的伴手禮選擇。

DATA 🚌BBB巴士1路CALIFORNIA AVE/ABBOT KINNEY BLVD步行5分 🏠1644 Abbot Kinney Blvd. 📞(323)401-0427 🕐10~19時(週日~18時) ⛔無休

雜貨
Ilan dei Venice
MAP P38B1

以當地設計師的小物為中心

如獨棟建築中庭般的雜貨屋,小巧的店內精心陳列著廚房用品、可作為擺飾的小物、飾品、帽子等商品。

DATA 🚌BBB巴士1路CALIFORNIA AVE/ABBOT KINNEY BLVD步行10分 🏠1650 Abbot Kinney Blvd. 📞(310)729-2731 🕐10~18時 ⛔無休

陳列在戶外空間的各式商品

令人眼睛為之一亮的托特包

格子與條紋圖案的布偶出乎意料地可愛

可當成伴手禮的LA特色卡片$4.95

繽紛的粉色系鉛筆$7.95

LOOK-TAG!

整理筆記時的實用便利貼$4.50

有豐富多樣的精緻文具

[地圖]
Willie Jane
Intelligentsia Coffee
阿伯特金尼大道 BBB1
往威尼斯海灘
Westminster Avenue Elementary School
Salt & Straw
Burro
Abbot Kinney Blvd.
Urbanic Paper Boutique
Ilan dei Venice
Crescent Place Triangle

小憩片刻SPOT

加州菜

Willie Jane
MAP P38A1

以「從產地直達餐桌」為概念的菜色

將南部菜色以加州風格的方式呈現，相當受到歡迎。秉持著近來受到矚目的From Farm to Table飲食觀念。

DATA ⊠BBB巴士1路WESTMINSTER AVE/ABBOT KINNEY步行6分
📍1031 Abbot Kinney Blvd.
📞(310)392-2425 🕐16～24時(週六11時～、週日11～21時) 🚫週一、二

在明亮中庭優雅度過的週末早午餐時光極具高人氣

炸雞配鬆餅 $17

午餐$15～、晚餐$23～

★☆★☆★☆★☆★☆★☆★☆★☆★

義式冰淇淋

Salt & Straw
MAP P38B1

總是大排長龍的健康義式冰淇淋店

超受當地人喜愛的義式冰淇淋店。以健康為宗旨，酪梨＆草莓、橄欖＆山羊乳酪等絕妙的組合也很受歡迎。

DATA ⊠BBB巴士1路 CALIFORNIA/ABOTT KINNEY步行1分
📍1357 Abbot Kinney Blvd.
📞(310)310-8429
🕐11～23時
🚫無休

酪梨＆草莓義式冰淇淋很受歡迎

義式冰淇淋$4.90～

★☆★☆★☆★☆★☆★☆★☆★☆★

咖啡廳

Intelligentsia Coffee
MAP P38B1

咖啡師手沖的美味咖啡

源自芝加哥的人氣咖啡廳。會由技巧嫻熟的咖啡師為客人細心沖泡每一杯咖啡，花草茶和蛋糕的口味也很多樣。店內備有不同種類的咖啡豆可供選擇。

DATA ⊠BBB巴士1路CALIFORNIA AVE/ABBOT KINNEY BLVD步行2分 📍1331 Abbot Kinney Blvd. 📞(310)399-1233
🕐6～20時(週五～22時、週六7～22時、週日7時～) 🚫無休

連結開放式咖啡廳的磚造建築入口

咖啡 $5.50、花草茶 $3.75

還有！聖塔莫尼卡的推薦景點

散發出迥異於聖塔莫尼卡的高級感

蒙大拿大道
Montana Avenue
MAP 別冊P8A1

地方色彩濃厚的閒靜地區。時髦的選貨店、咖啡廳林立，可享受悠閒的購物樂趣。

推薦SPOT

- Cafe Luxxe（咖啡廳）… **MAP** 別冊P8A1
- Planet Blue（→P42）
- Moondance JewelryGallery（→P19）

從聖塔莫尼卡一路延伸至威尼斯海灘

緬因街
Main Street
MAP 別冊P8A3

連結聖塔莫尼卡和威尼斯海灘的街道，咖啡廳和商店散布於兩側。推薦以兩座海灘為起點＆終點，來趟愜意的漫步之旅。

推薦SPOT

- Urth Caffé（→P58）
- Free People（服飾）… **MAP** 別冊P8A3

租自行車暢遊聖塔莫尼卡

聖塔莫尼卡海灘的沿線設有自行車專用道，可邊欣賞海景邊享受騎乘樂趣。只要租輛自行車，就能輕鬆前往威尼斯海灘。

SHOP INFO 聖塔莫尼卡自行車中心
Santa Monica Bike Center
MAP P37A3

全美最大的自行車站

DATA ⊠地鐵巴士8路2ND ST/COLORADO AVE步行即到
📍1555 2nd St. 📞(310)656-8500 🕐6時30分～20時(週六日8時～) 🚫無休 💰2小時租金$20～、1天租金$30～(附安全帽、鑰匙、地圖)

●租借自行車須知

租借自行車時需要護照等身份證明文件以及信用卡。騎乘在海灘沿線的步道上時，要注意不要騎到人行專用道上。進入商店或是餐廳時，為避免偷竊，用鏈子將自行車鎖在電線桿等。

LOS ANGELES 洛杉磯★聖塔莫尼卡② 阿伯特金尼大道

娛樂設施也很豐富多元

要欣賞藝術建築就到市中心
Downtown

MAP 別冊P3C2

為目前積極進行再開發的地區。不只擁有懷舊風情瀰漫的街道和繁華商業區，
也是活力四射的熱門娛樂街區。

音樂中心
The Music Center
MAP P40B1/別冊P7C1～C2

由四座設施組成的音樂與戲劇中心

集結華特迪士尼音樂廳、阿曼森劇院、桃樂絲錢德勒大廳、
馬克廣場四座建物的音樂戲劇中心，能輕鬆體驗音樂、歌
劇、音樂劇、戲劇的魅力。

DATA 紅線、紫線CIVIC CENTER/GRAND PARK站步行6分
135 N. Grand Ave. (213)972-7211 依視活動而異
www.musiccenter.org

街頭漫步POINT

眾多設施都在徒步範圍內，可隨意漫步閒逛。
要前往聯合車站的話則建議搭乘地鐵。附近為
辦公區，晚上人潮較少，請注意安全。

馬克廣場。大多作為戲
劇演出的舞台使用

＼觀賞戲劇／

＼觀賞歌劇、芭蕾／
桃樂絲錢德勒大
廳。洛杉磯歌劇
院的根據地

＼觀賞音樂劇／
阿曼森劇院。
以音樂劇的公
演活動為主

＼觀賞古典樂／
華特迪士尼音
樂廳。洛杉磯
愛樂管弦樂團
的根據地

洛杉磯聖母教堂
Cathedral of Our Lady of the Angeles
MAP P40B1/別冊P7C2

全美最大的天主教堂

規模名列世界第三大的教堂，出
自西班牙名建築師拉斐爾·莫内歐
之手。還提供免費的導覽行程。

DATA 紅線、紫線CIVIC CENTER/GRAND PARK站步行
5分 555 W. Temple St. (213)680-5200
6時30分～18時（週六9時～、週日7時～）
無休 免費 www.olacathedral.org

洛杉磯當代美術館
The Museum of Contemporary Art (MOCA)
MAP P40B1/別冊P7C2

由日本人設計的現代藝術美術館

蒐藏1940年代至現代近5000件的作品，
展示以每2～3個月更換主題的企畫展為
中心。最好預留2小時的參觀時間。

DATA 紅線、紫線CIVIC CENTER/GRAND PARK站步行8分
250 S. Grand Ave. (213)626-6222 11～17時（週四～20
時、週六、日～18時） 週二 $12（週四17時以後免費）
www.moca.org

電影取景地

聯合車站
Union Station
MAP P40B1/別冊P7D2

內部以裝飾藝術風格呈現的美麗
車站，為《神鬼交鋒》、《雨
人》等多部電影的拍攝地。復古
懷舊的候車室、火車的月台等，
每一個角落都散發出電影世界的
氛圍！

DATA 紅線、紫線、金線UNION
STATION站 800 N. Alameda
St. (213)638-6875

在歷史城鎮裡恣意閒逛

瀰漫傳統氛圍的帕薩迪納

Pasadena

MAP 別冊P3D1

帕薩迪納位於市中心的北邊。紅磚建築物林立的舊街道上，
優雅時尚的店家、設計別緻的咖啡廳隨處可見。

One Colorado

MAP P41A1

舊街道與新建築的結合

此複合設施位於舊城區的一隅──
Colorado Blvd.和Fair Oaks Ave.的交
叉路口上。利用19世紀末至20世紀初
興建的古老建物，集結了28家商店和
餐廳入駐。

DATA 交M金線MEMORIAL PARK站步行6分
住bet. Fair Oaks Ave. & DeLacey./bet.
Colorado Blvd. & Union St.
(626) 564-1066 時視店鋪和餐廳而異

人氣店家
和餐廳齊
聚

整排的磚造建築物非常有韻味

街頭漫步POINT 🚶

舊城區位於Colorado Blvd.和Fair Oaks Ave.的交叉路口，One
Colorado、Paseo Colordo等購物商場都在徒步範圍內。要前往諾頓
賽門美術館可搭地鐵巴士180路。

One Colorado內的推薦SPOT

The Soap Kitchen

於店家附設廚房內製成的手工皂很
受歡迎，原料皆為天然素材。也有
販售浴鹽和精油。

DATA 住25 N. Fair Oaks Ave.
(626)396-9996 時11～18時（週日～
12～17時） 休無休

Dots Cupcakes

以嚴選食材製成的杯子蛋糕，也有
推出當日限定的口味。普通款$3，
迷你款$1.75。

DATA 住21 N. Fair Oaks Ave. (626)
744-7719 時10～19時（週五～21時、
週六～22時、週日～18時） 休無休

Paseo Colorado

MAP P41B1

享受悠閒購物之樂

可以盡情享受購物之樂的露天購物
中心，總共集結了69家人氣品牌店和餐廳。能坐下來休息
的咖啡廳等設施也很充實。

DATA 交M金線MEMORIAL PARK站步行6分
住280 E. Colorado Blvd. (626)795-9100
時10～21時（週日11～19時） 休無休

Mi Piace

MAP P41A1

總是座無虛席的人氣義大利餐廳

紐約風格的義大利餐廳。營業時間從早到
晚，隨時都能輕鬆上門光顧。預算1人
$40～。

DATA 交M金線MEMORIAL PARK站步行5分
住25 E. Colorado Blvd. (626)795-3131
時8時～23時30分（週四～六～翌1時、週日一～24
時） 休無休

諾頓賽門美術館

Norton Simon Museum

MAP 別冊P3D1

走遠一點來趟藝術之旅

展示羅丹的雕刻和畢卡索、梵谷的
繪畫等，涵蓋17世紀到20世紀藝術
巨匠的作品，中庭的雕刻庭園也很
值得細細觀賞。

© Norton Simon Art Foundation

DATA 交地鐵巴士180/181·256路COLORADO BLVD/
ORANGE GROVE BLVD步行2分 住411 W. Colorado
Blvd. (626)449-6840 時12～18時（週五～21時）
休週二 金$12 網www.nortonsimon.org

款式時髦質地舒適！

想要馬上擁有的加州休閒風

顏色繽紛、造型可愛的加州流行時尚，發跡自名流之都LA。
休閒款式的服裝，不論旅遊期間或回國後都很實穿。

Planet Blue

區域 比佛利山莊 　　**MAP** P31B1／別冊P9A1

每天都想穿出門的
自然風格

以「Happy‧Sunny‧Life」為概念，
型塑出融合白砂、藍天、波西米亞元
素的馬里布風格。舒適感與潮流品味
兼具的休閒服飾，從度假到逛街散步
的場合皆可自由混搭。

DATA 地鐵巴士16‧316路SANTA MONICA
BLVD／CANON DR步行5分　409 N.
Beverly Dr.　(310)385-0557　10～19時
（週日～18時30分）　無休

開放式的商品陳列空間

推薦穿搭

服裝造型
參考

舒適度満分

$138

$158

$158

$118

$66

$99

$86

$119

$187

$108

$148

$75

蕾絲平口上
衣搭配牛仔
褲的可愛休
閒基本款

甜美洋裝配
上豪華的項
鍊

比基尼加
短褲搭配
蕾絲上
衣，若要
前往海灘
可參考一
下

洋裝搭配草
帽，並以土
耳其藍的項
鍊做點綴

將坦克背心
在腰上打個
結，微露一
點肌膚就是
LA休閒風格

時髦女孩的
必備配件

＼ 小物＆飾品也是絕對必買

$44

土耳其藍格外顯
眼的皮革項鍊

只需一條頭
巾就能凸顯
出穿搭重點

還有還有！

以地球插圖
為商標♡

$104

簡單卻很典雅的
金手環

以大顆白石為視
覺重點的項鍊

$82

$85

$68

容量大又實用的原創包
款$29

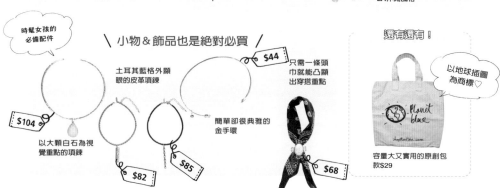

也不可錯過馬里布的加州流行時尚

Malibu Country Mart

MAP 別冊P12B4

距離聖塔莫尼卡30分鐘車程的馬里布，是眾多名流居住的高級住宅區。位於海邊附近的高級購物中心「Malibu Country Mart」裡，有好幾間時尚洗練的加州休閒風格選貨店，可於臨海的開放空間內一次逛個夠。

DATA 🚍地鐵巴士534路CROSS CREEK RD即到 🏠3835 Cross Creek Rd. Malibu 📞(310)456-7300 🕐視店鋪而異

馬里布也有分店！

廣受名流青睞的SPOT！

露天式的購物中心，有Planet Blue等40多家店鋪入駐

還有還有！源自加州的休閒時尚品牌

Jonny Was

區域 聖塔莫尼卡　　**MAP** P37A3

走奢華路線的波西米亞風

以花紋、刺繡等可愛的少女元素為特徵。復古與新潮混搭的繽紛色調，猶如工藝品般的纖細設計感正是所謂的LA風格。

DATA 🚍BBB巴士1・7路BROADWAY/3RD ST PROMENADE步行即到 🏠聖塔莫尼卡廣場(→P36)1F 📞(310)656-0600 🕐10～21時(週日11～20時) 🚫無休

主要分店
The Grove店
MAP 別冊P5C3

飾品配件等小物類也很充賣

Forever 21

區域 聖塔莫尼卡　　**MAP** P37A2

價格便宜風格可愛

最大的賣點為平實的價格，還有幾乎每天更新上架商品的快速機制。若想掌握LA流行時尚的潮流脈動來這裡就對了！

DATA 🚍BBB巴士1・7路BROADWAY/3RD ST PROMENADE步行2分 🏠1431 3rd St. Promenade 📞(310)395-6735 🕐10～22時(週六～23時、週日11～21時) 🚫無休

主要分店
The Grove店
MAP 別冊P5C3

誕生於LA的知名快速時尚品牌

Love Culture

區域 羅伯森大道　　**MAP** 別冊P9B3

因可愛的流行色系人氣上升中

由前Forever 21員工所創立的LA名流風休閒品牌，領先潮流的服裝款式在可愛中又帶點率性。

DATA 🚍地鐵快速巴士705路BEVERLY/LA CIENEGA BLVD步行即到 🏠比佛利中心(→P48)6F 📞(310)657-4053 🕐10～20時 🚫無休

在對流行趨勢敏感的青少年間很有人氣

American Apparel

區域 梅爾羅斯　　**MAP** P32B1/別冊P11C3

色彩鮮豔舒適好穿的針織上衣和T恤

特色是看不見任何品牌商標的極簡設計，以及不會被流行左右的剪裁版型。為Made in LA的在地品牌，所有商品皆於LA的工廠生產製造。

DATA 🚍地鐵巴士10路MELROSE AVE/SPAULDING AVE步行1分 🏠7726 Melrose Ave. 📞(323)782-0170 🕐10～21時(週五六～22時、週日～20時) 🚫無休

主要分店
羅伯森店
MAP P29A2
聖塔莫尼卡店
MAP P37A1

LA市內有好幾家店鋪

Fred Segal

區域 聖塔莫尼卡　　**MAP** 別冊P8A2

LA選貨店的始祖

網羅眾多新興人氣品牌於一堂，走在LA流行時尚最前端的店家。雜貨、化妝品、鞋、包包等各領域商品應有盡有。還附設咖啡廳。

DATA 🚍BBB巴士1・2・3路BROADWAY/4TH ST步行即到 🏠500 Broadway 📞(310)458-6365 🕐10～19時(週日12～18時) 🚫無休

咖啡廳在對面的街道上

主要分店 無

Joyrich

區域 梅爾羅斯　　**MAP** P32B1/別冊P11C3

用色鮮明活潑相當吸睛

為融合80年代、90年代的復古元素與時髦搖滾味的街頭休閒風。五顏六色充滿玩心的商品，完全展現出LA的個性特色。

DATA 🚍地鐵巴士10路MELROSE AVE/SPAULDING AVE步行即到 🏠7700 Melrose Ave. 📞(323)944-0631 🕐11～20時(週日～19時) 🚫無休

獨特的外觀讓人眼睛一亮

主要分店 無

偌大的賣場彷彿玩具箱一般

到超市尋找伴手禮

超市內食品、化妝品、雜貨等充滿在地色彩的品項應有盡有。
價格實在的商品包羅萬象，是選購伴手禮的好去處！

食品

\ I ♥ Honey! /

牛奶巧克力洋芋
片$2.99

巧克力碎片餅乾
$3.99

有機白脫牛奶鬆餅粉
$3.99

討喜的Annie's
兔子造型巧克力
餅乾$4.59

巧克力裡面包花
生醬的Peanut
Butter Cups
$1.99

可愛小熊造型的瓶裝蜂
蜜$3.99

世界各國的
板狀巧克力
套組$9.99

柑橘＆辛香
料的花草茶
$3.99

印有可愛企鵝圖案的軟
糖$1.99

A Whole Foods Market

區域 聖塔莫尼卡　MAP 別冊P8B1

有許多品質講究的商品！

以有機食材博得好評
的超市。從食品到化
妝品一應俱全的自有
品牌「365」，提供
眾多價格平實的優秀
商品。

DATA BBB巴士3路MONTANA AVE./15TH ST步行1分
1425 Montana Ave.　(310)576-4707　8～22時
無休

主要分店
西好萊塢店
7871 Santa Monica Blvd.　MAP 別冊P5C2
比佛利山莊店
239 N. Crescent Dr.　MAP 別冊P9B2

環保袋
check!!

以再生材質
製成的輕量
包$1.99

B Trader Joe's（3rd&Fairfax店）

MAP 別冊P5C3
區域 比佛利山莊

自有品牌商品價格便宜

以西海岸為中心展
店的有機超市。自
有品牌商品以食品
類為大宗，還有很
多包裝可愛的點
心。

DATA 地鐵巴士16/316・217・218路、地鐵快速巴士780路
FAIRFAX AVE./3RD ST步行1分　175 S. Fairfax Ave.
(323)931-4012　8～22時　無休

主要分店
西好萊塢店
8611 Santa Monica Blvd.　MAP 別冊P4B2
聖塔莫尼卡店
3212 Pico Blvd.　MAP 別冊P2A3

環保袋
check!!

材質耐用的
提袋$0.99

化妝品&雜貨

有機番茄醬 $3.99

Whole Foods自有品牌365系列的香皂 $1.99

附湯匙的可愛迷你蜂蜜罐$6.99，湯匙柄端還有隻蜜蜂

粉紅色的喜馬拉雅山岩鹽$6.79

100％純素牙線 $3.79

乳牛造型牛奶瓶$3.49

具高度舒緩效果的浴鹽 $3.99

罐身插圖很可愛的咖啡豆$6.99

有機肉桂薄荷糖$3.29

胡椒薄荷身體乳液 $2.99

富含蜂蜜的護唇膏 $2.49

超市攻略法

大型超市的賣場面積相當遼闊。為了節省時間，不妨先從可作為伴手禮的零食類和化妝品區逛起。到收銀台結帳時，必須自行將購物籃內的商品取出放上輸送帶。

自有品牌護手乳 $1.99

保濕效果超優的嬰兒護膚膏 $5.45

C Erewhon Natural Foods Market

區域 比佛利山莊　　MAP 別冊P5C3

高級品集中的精品超市

1968年以養生餐點起家的老字號有機超市。備有豐富多元的優質化妝品和食材，也受到不少注重養生概念的貴婦顧客群青睞。

DATA 地鐵巴士14路 BEVERLY BLVD/GENESEE AVE步行5分 7660 Beverly Blvd. (323)937-0777 7～23時（週日8時～）無休
主要分店 無

環保袋 check!!

堅固的麻質袋$9.99

D Bristol Farms

區域 聖塔莫尼卡　　MAP 別冊P8B1

熟食區很值得一逛

店面多集中在LA的高級超市。有多款其他超市買不到的高級食材，麵包和熟食區也都不可錯過。

DATA BBB巴士2路WILSHIRE BLVD/BERKELEY ST步行即到 3105 Wilshire Blvd. (310)829-3137 6～23時 無休

主要分店
比佛利山莊店
9039 Beverly Blvd. MAP 別冊P4B3

西好萊塢店
7880 W. Sunset Blvd. MAP 別冊P5C1

環保袋 check!!

如紙張般輕薄的提袋$0.99

與當地人的交流也是箇中樂趣！

農夫市場

當地人潮聚集的農夫市場不僅可見各式各樣的新鮮蔬菜和水果，還有許多可作為伴手禮選項的雜貨和食材。和店家老闆討價還價的過程也相當有意思。

農夫市場

The Original Farmers Market

MAP 別冊P5C3
區域 比佛利山莊

擁有80年歷史的農夫市場始祖

以鐘樓為明顯地標的LA首家農夫市場，在觀光客間也很有人氣。除了必備的新鮮蔬果外，糕點、雜貨、化妝品等適合買來當伴手禮的品項也應有盡有。還有種類豐富的各國菜色攤販，讓人看得眼花撩亂，拿不定主意。

DATA 🚇地鐵巴士16/316·217·218路、地鐵快速巴士780路FAIRFAX AVE/3RD ST步行2分
📍6333 W. 3rd St. ☎(323)933-9211
🕐9～21時（週六～20時、週日10～19時） 🈺無休
🌐www.farmersmarketla.com

顯眼的白色鐘樓

店家Check！

若要找復古商品就來這兒！

（店員／John）

復古火柴盒套組$20

繡片貼各$9.50～

糕點、堅果類的伴手禮也很充實

巧克力糖衣蘋果
$8.95

攤販美食也要Check♪

也是午餐的熱門用餐場所

充滿飽足感的鹽醃牛肉和蔬菜
$17.95

攤販美食樣式豐富多元，從中國、韓國、新加坡等亞洲菜到美式的鹽醃牛肉等大分量餐點都有，還有可麗餅、蛋糕之類的甜點，應有盡有。

牆面上整排的調味料

有來自全世界的熱狗醬喔！

（店員／Lynn）

號稱10倍辣度的最辣熱狗醬$9.99

農夫市場的採買建議

● 若看到有興趣的東西，可說聲「Can I Taste？」試吃一下。

● 有時大量購買可以算便宜些，不妨試著跟老闆議價看看。

● 基本上不提供提袋，最好自備方便的環保袋。

其他還有♪

好萊塢農夫市場
Hollywood Farmers Market

MAP 別冊P11D2　**區域** 好萊塢

可於好萊塢觀光途中順道前往

只有週日才開張的市場，熱鬧的景象猶如節慶祭典般。也有販售衣服、飾品的攤商。

DATA 交M紅線HOLLYWOOD/VINE站步行3分
住Cnr. of Hollywood Blvd. & Ivar St.　☎(323)463-3171
時8~13時　休週一~六

使用水果、蔬菜製成的果醬和醬料各$10

手工燒烤醬各$9

琳瑯滿目的新鮮蔬果

聖塔莫尼卡農夫市場
Santa Monica Farmer's Market

MAP P37A1／別冊P8A1　**區域** 聖塔莫尼卡

LA規模最大的市場

網羅了75個農家攤商的LA最大市場，固定每週三、六於聖塔莫尼卡市中心開市。屆時Arizona Ave.上連續幾個街區都會禁止車輛通行，帳蓬下則擺滿著蔬菜、水果等各式各樣生鮮食品。

DATA 交BBB巴士2・4・9路、地鐵快速巴士3路4TH ST/ARIZONA AVE步行即到
住Arizona Ave.(bet. 4 & Ocean Sts.、週六bet. 4 & 2 Sts.)　☎(310)458-8411　時8時30分~13時30分(週六~13時)　休週日~二、週四~五
網www.smgov.net/portals/farmersmarket

店家Check!!

聖塔芭芭拉出產的開心果超級熱賣呦
(店員／Jessica)

藍莓果醬超好吃呦
(店員／Angela)

洋蔥大蒜口味開心果$7

手摘花草茶$8

請嚐嚐看新鮮的蜂蜜！
(店員／Rose)

蜂蜜$5~依種類會有不同的顏色和味道

用蜂蜜製成的蠟燭$4

胡桃油對身體有益喔

香草茶$6

胡桃油$20~

攤販美食也要Check♪

也有賣麵包、果汁類的輕食，不妨學LA當地人邊走邊吃吧。

起司麵包$2.50

酥皮水果派$3.50

鮮果汁$3~

手作乾燥花$5

LA非去不可的大型購物設施在這裡！
前往購物景點一次買齊

從交通方便的市內購物商場到郊區巨型暢貨中心一應俱全的LA，
絕對能滿足所有的購物需求。總在不知不覺間就買過頭了！

交通便捷♥ 市內購物商場

The Grove

MAP 別冊P5C3
區域 比佛利山莊

露天的開放式商場

與相鄰的農夫市場（→P46）間有免費的無軌電車運行，交通便利。設有噴泉的中庭空間明亮寬闊，每到夜晚還可享受浪漫無比的氣氛。商場內有電影院、咖啡廳和餐廳，也很適合當成休憩景點利用。

DATA 地鐵巴士16/316‧217‧218路FAIRFAX AVE/3RD ST步行3分　189 The Grove Dr.
(323)900-8080　10～21時（週五、六～22時，週日～20時）　無休

重現1930～40年代的LA街景，看起來就像是真的街道般

商店…38間
餐廳…18間

推薦SHOP

時尚流行
- ATHLETA
- Anthropologie
- Splendid
- J.Crew
- GAP
- Banana Republic
- VINCE
- Nike

百貨公司
- Nordstrom
- Barneys New York

生活雜貨
- Crate&Barrel
- COACH
- Michael Kors

包包

小憩片刻SPOT

The Cheese Cake Factory

口感濃郁的乳酪蛋糕分量紮實，口味多元。沙拉、義大利麵之類的主食菜單也很豐富。

DATA (323)634-0511　11時30分～23時（週五六～24時30分、週日10時～）　無休

種類豐富的乳酪蛋糕 $6.95～

Beverly Center

MAP 別冊P9B3
區域 比佛利山莊

離觀光地也很近的老字號商場

坐落於地理位置便利的大型購物中心，比佛利山莊的觀光景點就近在咫尺。6樓設有客服中心。

DATA 地鐵巴士14、105路、地鐵快速巴士705路BEVERLY BLVD/LA CIENEGA BLVD步行即到　8500 La Cienega Blvd.　(310)854-0070　10～21時（週六～20時、週日11～18時）　無休　※至2018年冬天前會有部分進行改裝

商店…約100間
餐廳…14間

Bloomingdale's和Macy's兩家百貨公司也進駐其中

Westside Pavilion

MAP 別冊P2A2
區域 西洛杉磯

鄰近聖塔莫尼卡

有Macy's和Nordstrom兩大百貨公司進駐，以休閒品牌為主，各式商品種類繁多，應有盡有。

DATA BBB巴士7路PICO BLVD./WESTWOOD BLVD.步行即到　10800 W. Pico Blvd.　(310)474-2785　10～21時（週六～20時、週日11～18時）　無休

商店…89間
餐廳…13間

也會定期舉辦折扣活動

即使遠一點還是想去♥ 郊區暢貨中心

Citadel Outlet

MAP 別冊P3D3
區域 洛杉磯郊外

交通便捷極具人氣

從LA市中心過來的交通方便，大多數商品皆有30%～70%的折扣相當划算。仿7世紀古代亞述帝國宮殿的建築物，也讓人留下深刻印象。還有付費的接駁巴士從安納罕周邊出發。

商店…130間
餐廳…16間

DATA 地鐵巴士62路TELEGRAPH RD/CITADEL DR步行4分
100 Citadel Dr. (323)888-1724 10～21時 無休

接駁巴士資訊 與安納罕的Sheraton Park Hotel at the Anaheim Resort、Disney's Paradise Pier Hotel等主要飯店間有接駁巴士運行，每天4班，來回車資$16。可上網預約www.citadeloutlets.com/。從The L.A. Hotel Downtown（→P61）有免費接駁巴士。

地處迪士尼樂園所在的安納罕與LA市區的中間

推薦SHOP

時尚流行
- ★ Michael Kors
- ★ American Eagle
- ★ Old Navy
- ★ H&M
- ★ Levi's
- ★ GAP
- ★ Kenneth Cole
- ★ GUESS
- ★ Lucky Brand Jeans

包包
- ★ Kate Spade
- ★ COACH

鞋子
- ★ Crocs
- ★ CONVERSE

運動用品
- ★ Adidas　★ Nike　★ Sketcher

小憩片刻SPOT

Panda Express

中式快餐連鎖餐廳，炒飯加配菜的餐點組合最為熱賣。

DATA (323)722-2626 8～23時（週日10～22時） 無休

Pronto Café

能輕鬆享用披薩、義大利麵的咖啡廳式餐廳。

DATA (323)516-6357 8～23時（週日10～22時） 無休

Desert Hills Premium Outlets

MAP 別冊P12B4
區域 洛杉磯郊外

高級品牌雲集

位於LA近郊度假勝地棕櫚泉的暢貨中心。聳立了兩棟建築物的廣大腹地內，共網羅了近130家高級品牌入駐。只需參加當地旅行團就能輕鬆前往。

商店…180間
餐廳…10間

DATA 洛杉磯市中心走I-10號洲際高速公路往東，車程約90分。在Malki Rd.下車。 48400 Seminole Dr. Cabazon (951)849-6641 10～21時（週日～20時） 無休

佔地遼闊，最好於行前先圈選出想去的店，有計畫性地遊逛

推薦SHOP

時尚流行
- ★ Calvin Klein
- ★ Ralph Lauren Polo
- ★ Donna Karan

鞋
- ★ Cole Haan
- ★ TOD'S
- ★ UGG

牛仔褲
- ★ True Religion

小憩片刻SPOT

Chicken Now

雞肉餐點快餐店，提供沙拉、漢堡等多樣餐點。

DATA (951)849-5503 10～21時（週日～20時） 無休

China Max

中式快餐店，可自由選擇配菜。

DATA (951)849-0033 10～21時（週日～20時） 無休

高品質有口皆碑！
誕生於LA的人氣餐廳

餐廳激戰區的洛杉磯有許多美味和氣氛兼具的名店，
以下將介紹其中幾家起源於洛杉磯並進軍至世界各地的人氣本店。

料理的外觀也很吸睛。香煎羊肋排（左）時價，散壽司飯（右）$26。
三道菜套餐的價位約$90　@ Andrea Bricco

PROFILE

\高人氣名廚/

Wolfgang Puck

1982年創立Spago後即風靡各界。擔任奧斯卡頒獎典禮後派對餐點的總舵手，因此又有「奧斯卡晚宴主廚」的別稱。同時也是一位擁有多家連鎖餐廳的實業家。

@Amanda Marsalis

還設有中庭！

晴朗好天氣時最適合在氣氛絕佳的中庭享用午餐

開放式廚房的店內空間十分寬敞

推薦MENU
· 生蠔佐雞尾酒醬汁（前菜）$24
· 義大利白松露（主菜）$48
· 香煎小牛肉排（主菜）$52
· 巧克力舒芙蕾（甜點）$16

Spago

`MAP 別冊P9B2`　`區域 比佛利山莊`

改變美式菜色面貌 名廚的原點

加州菜革新者Wolfgang Puck的第一家餐廳。以法國菜為基礎的創意融合菜色加上優雅氛圍的用餐環境，也擄獲不少好萊塢名流的青睞。使用季節新鮮食材烹調而成的菜色一人預算約$90～，需預約。

`DATA` 🚇地鐵巴士20·720路WILSHIRE/BEVERLY步行3分
🏠176 N, Canon Dr.
📞(310) 385-0880
🕐12時～14時30分（僅週二～六）、18～22時（週六17時30分～22時30分）無休

充滿視覺美感的菜色與一流服務是廣受歡迎的秘訣

★☆★☆★☆★☆★☆★☆★☆★☆★☆★☆★☆★☆★☆★☆★☆

cut／（牛排）
`MAP P3102/別冊P9B2`　`區域 比佛利山莊`

Wolfgang Puck at Hotel Bel-Air
／（現代加州菜）
`MAP 別冊P2A2`　`區域 西木區`

\其他還有！/

Wolfgang Puck Bar & Grill／（燒烤餐點）
`MAP 別冊P6A4`　`區域 市中心`

Chinois／（亞洲風美式菜色）
`MAP 別冊P8A3`　`區域 聖塔莫尼卡`

Wolfgang Puck Express

`MAP 別冊P5B2`　`區域 西好萊塢`

\輕鬆享用好滋味！/

能以平實價格立即品嘗到名廚美味的外帶專門店，附設在Gelson's超市（→P57）的熟食區內。

`DATA` 📞(323) 656-1268 🕐7～24時 無休

PIZZA

披薩1片 $2.99～，口味選擇性豐富

附沙拉的蒜泥美乃滋雞肉三明治$8.99

Lawry's The Prime Rib

MAP 別冊P4B3　**區域** 比佛利山莊

絕品美味的熟成牛肋排

自1938年營業至今的老字號牛肋排專門店。招牌的牛肋排僅有一種，但依照肉的厚度會有不同名稱。鮮嫩欲滴的牛肋排搭配滿滿肉汁的馬鈴薯泥，滋味美妙絕倫。需預約。

DATA 地鐵巴士20路、地鐵快速巴士720路LA CIENEGA BLVD./WILSHIRE BLVD.步行4分　100 N. La Cienega Blvd.　(310)871-8777　17～22時(週六16時30分～23時、週日16時～21時30分)　無休

牛肋排附沙拉
$39～ 副餐另計

(左)可於充滿高級感的寬敞店內安靜優雅地用餐
(右)顯眼的巨大招牌

將調味醬注入旋轉中的沙拉盆

必看的表演！

請嘗嘗現切的牛肉

由大廚在顧客眼前當場現切後端上桌

Katsuya Hollywood

區域 好萊塢　**MAP** 別冊P11D2

連布萊德彼特等名人也是座上賓的日本料理店

由掀起壽司風潮的上地勝也所經營的創作和食餐廳。在LA擁有多家店鋪，其中又以出自設計師Philippe Starck之手的好萊塢店，時尚的裝潢風格最受年輕人青睞。預算一人$50～

DATA 紅線HOLLYWOOD/VINE站步行1分　6300 Hollywood B.lvd　(323)385-0880　11時30分～14時30分(僅週一～五)、18～22時(週五六～24時)　無休

(左)勝也捲 $18 (右)辣味鮪魚佐米餅 $14

如夜店般的新潮裝潢擺設

\ 其他還有！/

The IZAKA-YA by KASTU-YA ／(日本料理)
MAP 別冊P9B4　**區域** 比佛利山莊

Sushi KASTU-YA ／(日本料理)
MAP 別冊P2B1　**區域** 北好萊塢

Kastuya L.A.LIVE ／(日本料理)
MAP 別冊P6A4　**區域** 市中心

受名流愛戴的和食魔術師

PROFILE

上地勝也
Katsuya Kamichi

1984年赴美後，於LA的日本料理店工作，1997年自立門戶在影城市開了第一間店Sushi Katsuya，以創新的和食料理為特色。

名符其實的文化大熔爐
高水準的多國籍美食

多民族城市LA有許多口味道地的異國餐廳，從國人較熟悉的
日本、韓國、中國等亞洲菜，到具地緣性的墨西哥菜都很值得親臨品嘗。

韓國菜

Park's Barbeque

區域 韓國城　　**MAP** 別冊P3C2

也會有韓國和日本藝人光顧的名店

位於全美規模最大韓國城的人氣燒肉
店。以每天採買的新鮮肉品和手作小菜
為招牌，韓流明星和好萊塢明星都是座
上賓。還會附上十多種副菜，相當物超
所值。

DATA 🚇紅線WILSHIRE./VERMONT站步行13
分　🏠955 S. Vermont Ave. #G.　☎(213)380-
1717　🕐11〜24時（週五、六〜翌1時）　🚫無休

室內裝潢也很時尚典雅

醃漬入味的五花肉$36
美味絕倫

PARK'S BBQ

牆上貼滿了曾上門光顧
的明星照片

有許多明星都來
過啲。五花肉是
本店的招牌

墨西哥菜　　**MAP** 別冊P8A1　　**區域** 聖塔莫尼卡

El Cholo

傳承三代的家族經營老店

1923年創業的老舖，也是LA諸多墨西哥餐廳中受到麥可
傑克森青睞的名店。辣椒肉餡玉米捲餅、玉米粉蒸肉等從
開店以來沒有變過的傳統菜色，一定要來吃吃看喔。

DATA 🚇地鐵快速巴士720路WILSHIRE BLVD/14TH ST步行5分
🏠1025 Wilshire Blvd.　☎(310)899-1106
🕐11〜22時（週五六〜23時、週日〜21時）　🚫無休

EL CHOLO
Since 1923

也可到酒吧喝喝
杯雞尾酒

麥可傑克森生前最愛2
樓的包廂座

好好感受一下90年的歷
史和墨西哥的氛圍吧！

墨西哥辣肉醬玉米脆餅$8.95，
與起司和豆泥的味道很搭

可一次吃到多種
美食的派對拼盤
$12.95

瑪格麗特
$9.75〜

Cocktail

新加坡菜 MAP 別冊P5C3 區域 比佛利山莊

Singapore's Banana Leaf

連新加坡總統都曾來過

位於農夫市場（→P46）攤販區的餐廳，能自在地享用純正的家常菜風味。據說新加坡總統也曾於訪美行程中來吃過。

DATA 地鐵巴士16/316·217·218路、地鐵快速巴士780路FAIRFAX AVE/3RD ST步行1分 6333 W. 3rd St. Ste.122 (323)933-4627 11～21時（週日～19時） 無休

位於農夫市集的中央附近

印度煎餅佐咖哩醬 $3.95

印尼風炒麵Mee Indo Style $9.45

蒸烤鱸魚$36

巧克力松露蛋糕$16

義大利菜 MAP 別冊P5C3 區域 梅爾羅斯

Angelini Osteria

輕鬆品嘗高級義式菜

由義大利主廚Gino根據母親的食譜所做出的傳統義式佳餚。能在如居家般的閒適氛圍中享受絕品美味，連當地人都讚不絕口。也有推出每日更換菜色的特餐。

DATA 地鐵巴士14路BEVERLY BLVD/POINSETTIA PL步行即到 7313 Beverly Blvd. (323)297-0070 12時～14時30分（僅週二～五）、17時30分～22時30分（週五～23時、週六17～23時、週日17時～） 週一

溫暖木色調的店內空間

日本料理 MAP 別冊P2A2 區域 西木區

Sushi Masu

出自日本職人之手的正統壽司

秉持著「以客為尊」信念的壽司餐廳，新鮮的食材也成功擄獲在地人的味蕾。可以吃到LA當地特有的食材和創新口味的捲壽司等，也很推薦坐在吧台區品嘗主廚特餐$40。

DATA 地鐵巴士4路、地鐵快速巴士704路SANTA MONICA BLVD/WESTWOOD BLVD步行4分 1911 Westwood Blvd. (310)446-4368 12時～14時30分（僅週二～五）、17時30分～22時（週五、六～22時30分） 週一

握壽司$19.20～，一份（2貫）$5～

外觀也很豪華的特製龍形鱒魚$19

GAOOOOOOO!!!!!!

沉靜舒適的和風空間

加州捲$7

到了發源地當然非吃不可
隨心所欲大啖美味漢堡

配料幾乎要爆出麵包外的超大分量漢堡，
種類豐富、食材品質優的LA代表性美味漢堡就是以下這6家！

NO.1 HAMBURGER

人氣 No.2

The Counter Burger
加了一堆炸洋蔥絲的大分量漢堡
$10.95

Chicken Shack
$6.29，炸雞與
萵苣的搭配十分
對味

Smoke House Double
煙燻培根、起司等滿滿的配料加上BBQ醬真是絕配
$10.99

©Liz Clayman

人氣 No.2

NO.1 HAMBURGER

$5.50

Shack Burger
最熱賣的起司漢堡，也一起點薯條
$4.20和奶昔$5.29吧

©Evan Sung

人氣 No.2

完全不加肉的
Unique
Veggie $9.50

正宗的原味漢堡$7.89

A 🔴 Johnny Rockets

MAP 別冊P10B2 **區域** 好萊塢

重現美國50、60年代的懷舊氛圍與分量紮實的漢堡廣受歡迎，口味多樣的奶昔也很推薦。

DATA 🚇Ⓜ紅線Hollywood/Highland站即到 📍6801 Hollywood Blvd. Ste. 325. Los Angeles 📞(323)465-4456 🕐8～24時 🈵無休

B 🔴 Shake Shack

MAP 別冊P4B2 **區域** 好萊塢

發祥於紐約，2016年春天才剛開設LA第一號店的人氣店家，冠上店名的奶昔也絕對值得一試。

DATA 🚇地鐵巴士4·704路Santa Monica Blvd./La Cienega Blvd. 步行3分 📍8520 Santa Monica Blvd. West Hollywood 📞(323)488-3010 🕐11時～23時30分(週五、六～23時30分 🈵無休

C 🔴 The Counter

MAP 別冊P6B3 **區域** 市中心

只需在專用點餐紙上勾選，即可選擇肉的種類、配料、醬料做出特製原創漢堡。

DATA 🚇Ⓜ紅線、紫線、博覽線7TH ST/METRO CENTER站步行1分 📍725 W. 7th St. 📞(213)228-7800 🕐11～23時(週五、六～24時、週日～22時) 🈵無休

誕生於加州的人氣漢堡連鎖店

1941年創店的Carl's Jr.、以分量自豪的Fatburger、
源自聖地牙哥的Jack in the Box等,都是不可錯過的加州本地漢堡。

Carl's Jr.

MAP 別冊P8B2　**區域** 聖塔莫尼卡

DATA BBB巴士10路SANTA MONICA BLVD/26TH ST步行3分　2727 Santa Monica Blvd.　(310) 828-0124　6時~翌2時(週日6時30分~)　無休

Fatburger

MAP 別冊P5C2　**區域** 西好萊塢

DATA 地鐵巴士4・704路SANTA MONICA BLVD/GARDNER步行1分　7450 Santa Monica Blvd.　(323) 436-0862　10~24時(週四~六~翌2時、週日~翌1時)　無休

Jack in the Box

MAP 別冊P8A2　**區域** 聖塔莫尼卡

DATA BBB巴士10路SANTA MONICA BLVD/LINCOLN BLVD即到　802 Santa Monica Blvd.　(310) 458-3584　24小時　無休

創意口味!

D 松露漢堡$12,裡面夾著帶松露香氣的起司

NO.1 HAMBURGER

副餐

E The Office Burgers
$12.50
絕對值得一嚐的漢堡,肉質鮮嫩多汁,超級好吃!

E 廣受好評的Sweet Potato Frites In A Basket $7.50

副餐

f 淋上滿滿辣椒醬的Chili Fries $3.05也很有名

NO.1 HAMBURGER

D Umami Burger
$11
加了香菇的和風口味漢堡,完全鎖住肉汁的鮮甜原味

NO.1 HAMBURGER

F Double Chili Cheeseburger
$4.45
加了大量以文火煮成的秘傳辣椒醬的人氣漢堡

D Umami Burger

MAP 別冊P5C3　**區域** 比佛利山莊

以講究肉質鮮甜的美食漢堡博得好評,也提供松露漢堡等特殊口味。

DATA 地鐵巴士16/316・217・218路FAIRFAX AVE/3RD ST步行3分　189 The Grove Dr. Suite C-10　(323) 954-8626　11~23時(週五、六~24時)　無休

E Father's Office

MAP 別冊P8A1　**區域** 聖塔莫尼卡

在酒吧般的氣氛中邊暢飲啤酒邊享用漢堡是本地特有的風格,未滿21歲者禁止入店。

DATA BBB巴士3路MONTANA AVE/11TH ST步行2分　1018 Montana Ave.　(310) 736-2224　17時~翌1時(週五、六~翌2時、週日12~24時)　無休 ※供餐至打烊前3小時

F Original Tommy's

MAP 別冊P2B1　**區域** 好萊塢

自1946年營業至今深得當地人愛戴的老店,以大鍋熬煮製成的招牌辣椒醬與起司超級對味。

DATA 地鐵巴士217路HOLLYWOOD BLVD/ VAN NESS步行3分　5873 Hollywood Blvd.　(323) 467-3792　24小時　無休

物超所值的好滋味
簡單方便♪輕食小吃

對行程緊湊的觀光客而言，三明治、熱狗之類的輕食小吃是最佳選擇。
既可大飽口福又不傷荷包，盡情享受一番LA的在地美食吧。

三明治

$9.83

USDA PRIME BEEF DIP
配料可從豬肉、煙燻牛肉、牛肉、火雞肉、
羊肉等五種肉類中挑選，起司需外付費

能感受到百年歷史氛圍的附設酒吧

搭配副餐一起享用吧

Cole's Originators of the French Dip
(MAP) 別冊 P7C4 區域 市中心

法式沾醬三明治的始祖

發源於LA的法式沾醬三明治創始店。將內夾肉片的法國麵包三明治沾上肉汁一起享用，可自選豬肉、牛肉、火雞肉等配料。

DATA 交M紅線、紫線PERSHING SQ站步行10分 住118 E. 6th St. ☎(213)622-4090 時11～24時(週四～23時、週五、六～翌2時) 休無休

★☆★☆★☆★☆★☆★☆★☆★☆★☆★☆★☆★☆★☆★☆★☆★☆★☆★

Philippe the Original
(MAP) 別冊 P7D1 區域 市中心

法式沾醬三明治的老舖

1908年創業的法式沾醬三明治名店。為了品嘗沾上秘傳醬汁的美味三明治，每到中午時段，餐廳外總是大排長龍。

DATA 交M紅線、紫線、金線UNION STATION站步行8分 住1001 N. Alameda St. ☎(213)628-3781 時6～22時 休無休

午餐時段幾乎座無虛席的人氣店

$6.75

Beef Dip
可從牛肉、豬肉、火腿、羊肉、火雞肉中自選配料。備有5款起司，需另外付費

★☆

漢堡也十分推薦

carney's

Carney's
塞滿辣椒醬、黃芥末醬、番茄和洋蔥的熱狗

$4.05

完整呈現火車廂氣氛的狹長店內空間

熱狗

Carney's
(MAP) 別冊 P11C1 區域 西好萊塢

黃色火車廂超好認

改裝自老式黃色火車廂的Carney's餐廳，也成了街頭的地標。不只熱狗，連漢堡$3.99也廣受好評，淋上滿滿辣椒醬的Carney's熱狗為該店招牌。

DATA 交地鐵巴士2/302路SUNSET BLVD/KINGS RD步行1分 住8351 Sunset Blvd. ☎(323)654-8300 時11～24時(週五、六～翌3時) 休無休

熟食

$5.86 ($8.99/1磅)

沙拉吧
採自助式服務，有多款蔬菜、配料和調味醬可挑選

$7.99

火腿&起司可頌三明治
可自行配料和麵包種類的盒裝三明治

$5.11 ($7.49/1磅)

BBQ雞胸肉&烤時蔬
可於熟食吧買到肉、魚、烤蔬菜等

MAP 別冊 P4B2
區域 西好萊塢

Gelson's

LA近郊就有15家店鋪

連名流也愛的超市熟食區
設在高級食材一應俱全的超市「Gelson's」內的熟食店。沙拉、雞肉、三明治等配菜皆陳列在展示櫃內，可依自己的喜好和所需分量購買。

DATA 地鐵巴士4路、地鐵快速巴士704路SANTA MONICA BLVD/SWEETZER AVE步行1分 8330 Santa Monica Blvd. (323)656-5580 7~24時 無休

How to use 熟食店

熟食區的展示櫃內有各式各樣的配菜，只需告知店員要買的品項和分量即可。採自助服務的沙拉和熟食區，則自行盛入容器後蓋上蓋子再拿到收銀台。結帳方式皆以磅（＝約453g）為單位計價。

請給我半磅
Half pound, please.

請幫我分成一半
Could you make it half?

請給我一副塑膠刀叉
Do you have a plastic fork and knife?

> 點餐時的實用英文會話♪

也很推薦甜點

LA當地有許多美味的甜點店，可將杯子蛋糕、甜甜圈外帶回飯店慢慢享用。

顏色繽紛的杯子蛋糕令人賞心悅目

各$3.25~

杯子蛋糕
隨時備有7~10種類的杯子蛋糕，以經典香草（左）最具人氣

MAP 別冊 P9B4
區域 比佛利山莊

Magnolia Bakery

也是《慾望城市》中凱莉的最愛
發源於NY的人氣店，也因出現在影集《慾望城市》中而掀起話題。除了杯子蛋糕外，餅乾、布朗尼、香蕉布丁等甜點種類也很豐富。

DATA 地鐵巴士16/316·218路3RD ST/ORLANDO AVE即到 8389 W. 3rd St. (323)951-0636 8~20時（週六~22時、週日~21時） 無休

各$0.85~

甜甜圈
共有15種口味，分量很大，但還是兩三下就吃光了。炸蘋果餅也很受歡迎

MAP 別冊 P2B4
區域 洛杉磯南部

Randy's Donuts

建築物上方的巨大甜甜圈招牌很醒目

朝著巨大甜甜圈看板前進！
也以《鋼鐵人2》等電影的拍攝地而廣為人知，從早到晚都吸引眾多人潮排隊購買現炸的甜甜圈。口感鬆軟、甜度適中的甜甜圈，只要吃上一口就會上癮。

DATA 洛杉磯機場搭計程車10分 805 W. Manchester Ave. (310)645-4707 24小時 無休

讓女性傾心的**咖啡廳** & **甜點店**

要選有機食材還是甜食呢？

從廣受名流愛戴的健康養生咖啡廳到可愛甜點吸睛的人氣咖啡廳，
以下將介紹幾家令人流連忘返的咖啡廳 & 甜點店。

Urth Caffé

MAP 別冊 P8A3 **區域** 聖塔莫尼卡

有機咖啡廳的先驅

每天從一大早就有LA名流、觀光客在外排隊候位的有機咖啡。不只咖啡，以有機食材烹調的餐點和甜點都很受歡迎。採先結帳再入座等餐的方式，也很適合早午餐、想小憩片刻時來享用。

DATA 🚌BBB巴士1·8路MAIN ST/HOLLISTER AVE即到 🏠2327 Main St. 📞(310)314-7040 🕐6時30分～23時(週五、六～24時) 休無休

LA近郊有6家店鋪

推薦POINT♪

『美麗的拉花』

拿鐵$3.50的拉花圖案也很講究，每一杯的拉花樣式都不同

先在櫃台點餐再入座等候餐點上桌

煙燻鮭魚 & 香草披薩 $13.95

放上滿滿水果的優格$7.95

很適合當早餐的鮭魚班尼迪克蛋 $11.95

健康養生的

有機咖啡廳

店內的玫瑰壁畫相當顯眼

咖啡廳內還設有商店小物類的品項豐富

推薦POINT♪

『可自由組合的熟食套餐』

自助服務區備有12種類左右以蔬菜為主的配菜，可自行挑選3樣。價格$10.95。麵包類也很豐富。

通心粉沙拉、甜菜、生春捲的組合

Rose Café

MAP 別冊 P8A4 **區域** 聖塔莫尼卡

充滿藝術氛圍的熟食咖啡廳

店內提供使用健康食材製作的熟食，深得當地居民的青睞。入口和店內都裝飾著巨幅的玫瑰壁畫，營造出藝術美感。晴朗好天氣時，也很推薦佔地寬敞的花園咖啡座。

DATA 🚌BBB巴士1路MAIN ST/ROSE AVE即到 🏠220 Rose Ave. 📞(310)399-0711 🕐7～22時(週六8～23時、週日8～17時) 休週一

散步閒逛之餘小歇片刻的好去處

果汁攤也要Check!

在LA常可見到訴求健康概念的果汁攤，若逛街走累了，不妨來杯新鮮果汁讓心身煥然一新吧。

Pressed Juicery
MAP P31A2/ 別冊 P9A2 區域 比佛利山莊

蔚為風潮的冷壓果汁
食材粉碎後放進冷壓機，從上方高壓榨取而成的果汁，也深獲重視健康養生的名流人士喜愛。

蔬菜汁、水果汁1瓶$6.50～

DATA 地鐵快速巴士4·6/316路SANTA MONICA BLVD/CAMDEN DR步行4分 430 N. Bedford Dr. (310)247-8488 7～20時（週六、日8～19時） 無休

Moon Juice
MAP 別冊 P8A4 區域 聖塔莫尼卡

100%有機的果汁專賣店
以新鮮蔬果調配製成的果汁大受歡迎，能嘗到食材本身的原有風味。獨特的搭配組合，一喝就會愛上!?

綠色蔬果排毒汁$9～

DATA BBB巴士1路MAIN ST/ROSE AVE步行5分 507 Rose Ave. (310)399-2929 7～19時 無休

以粉紅色為基調的可愛店面

推薦POINT♪
『可愛的雜貨』

杯子蛋糕造型的小袋子$7.50

漂亮的托盤$40

迷你款的紅絲絨杯子蛋糕$1.75

種類豐富的蛋糕棒棒糖$3.25

布朗尼起司蛋糕$3

Sweet E's
MAP 別冊 P4B4 區域 比佛利山莊

兼賣雜貨的烘焙店
杯子蛋糕、布朗尼、蛋糕棒棒糖等繽紛可愛的甜點羅列，為了讓顧客多品嘗幾種不同的口味因此大多做成迷你尺寸。也設有內用區。

DATA 地鐵巴士16/316路3rd St/Sweetzer步行1分 8215 W. 3rd St. (323)422-8885 8～18時 無休

愛吃甜食的人非來不可

有許多可愛蛋糕
甜點店

Sweet Lady Jane
MAP 別冊 P10A3 區域 梅爾羅斯

連好萊塢明星也愛吃的蛋糕
展示櫃內陳列著五顏六色的蛋糕。外觀精美的蛋糕甜度適中，但美式風格的大分量依舊驚人。也有推出派、塔類的產品，還附設咖啡廳。

DATA 地鐵巴士10路MELROSE AVE/ORLAND AVE步行即到 8360 Melrose Ave. (323)653-7145 7時30分～22時30分（週四～六～23時30分、週日9～21時） 無休

推薦POINT♪
『華麗的裝飾』

布滿各式水果的水果塔$7.50

我的蛋糕都是嚴選食材製成，也不會太甜喔（老闆Lady Jane）

有美麗玫瑰花裝飾的覆盆子檸檬蛋糕$7.50

Decoration cake

提供外帶服務，酥皮點心的選項也很豐富

飯店

LA的飯店從超高級到經濟型、汽車旅館、度假飯店等種類各式各樣。大多數旅行團安排下榻的市中心飯店多屬中級～高級，比佛利山莊、聖塔莫尼則以高級飯店居多。

好萊塢　 MAP 別冊P10B2

洛伊斯好萊塢酒店
Loews Hollywood Hotel

時髦的設計品味博得人氣

飯店坐落在好萊塢高地中心的一隅，品味時尚的客房充滿好萊塢的風格。好天氣時能眺望到好萊塢標誌的房間，最得外國觀光客的青睞。

DATA
🚇M紅線HOLLYWOOD/HIGHLAND站步行3分 📍1755 North Highland Ave. 📞(323)856-1200 💰S$259～T$259～　637室

比佛利山莊　 MAP 別冊P4A3

比佛利希爾頓酒店
The Beverly Hilton

奢華氣息瀰漫的飯店

也以金球獎的頒獎典禮會場而聞名。與洋溢熱帶風情的泳池和餐廳相反，客房呈現低調沉穩的風格。衛浴備品選用Peter Thomas Roth的產品。

DATA
🚇地鐵巴士4·16/316路SANTA MONICA BLVD/WILSHIRE BLVD步行5分 📍9876 Wilshire Blvd. 📞(310)274-7777 💰S$275～T$275～ 569室

比佛利山莊　MAP P31B2／別冊P9B2

比佛利山威爾希爾酒店
Beverly Wilshire, Beverly Hills (A Four Seasons Hotel)

一輩子想體驗一次的飯店

以正面入口相隔分為古典風格的威爾榭大樓和現代風格的比佛利大樓，整體瀰漫著豪華的氛圍。從高樓層還可以眺望比佛利山莊。

DATA
🚇地鐵巴士20路RODEO DR/WILSHIRE BLVD即到 📍9500 Wilshire Blvd. 📞(310)275-5200 💰S$525～T$525～ 632室

世紀城　MAP 別冊P4A4

洛杉磯世紀城洲際酒店
Intercontinental Los Angeles Century City

鄰近購物中心

轟立於世紀城的飯店。離購物中心Westfield Century City僅5分鐘路程，地理位置十分方便。優質的服務也很受到好評。

DATA
🚇BBB巴士7路或地鐵快速巴士7路PICO/AVE OF THE STAR步行6分 📍2151 Avenue of the Stars 📞(310)284-6500 💰S$245～T$245～ 363室

市中心　MAP 別冊P6B3

比特摩爾千禧酒店
Millennium Biltmore Hotel Los Angeles

1923年創業的歷史悠久飯店

具崇高地位的老牌飯店，1920～30年代曾作為奧斯卡金像獎頒獎典禮的會場。樓高11層，木造電梯和華麗的水晶吊燈等擺設散發出濃濃的歷史韻味。

DATA
🚇M紅線、紫線PERSHING SQ.站步行3分 📍506 South Grand Ave. 📞(213)624-1011 💰S$239～T$239～ 683室

市中心　MAP 別冊P7D3

洛杉磯都酒店
Miyako Hotel Los Angeles

安全舒適的日系飯店

位於小東京的中心。可免費收看日本的電視節目，附設Spa的指壓按摩（付費）也廣受好評。

DATA
🚇M金線LITTLE TOKYO/ARTS DISTRICT站步行2分 📍328 East 1st St. 📞(213)617-2000 💰S$149～T$149～ 174室

市中心　MAP 別冊P6B2

洛杉磯博納旺蒂爾威斯汀套房酒店
Westin Bonaventure Hotel & Suites Los Angeles

市中心的地標

由五棟玻璃帷幕的圓筒型大樓組成，呈現近未來外觀風格的飯店，曾在多部電影中亮相過。頂樓旋轉展望餐廳＆酒吧的眺望視野也很棒。

DATA
🚇M紅線、紫線PERSHING SQ站步行8分 📍404 S.Figueroa St. 📞(213)624-1000 💰S$249～T$249～ 1354室

市中心　MAP 別冊P7C3

洛杉磯市中心希爾頓逸林酒店
Double Tree by Hilton Hotel Los Angeles Downtown

小東京就近在咫尺

辦理入住手續時，就會收到一份飯店特製的巧克力碎片餅乾當迎賓禮。腹地內還有配置池塘造景的日式庭園。

DATA
🚇M金線LITTLE TOKYO/ARTS DISTRICT站步行5分 📍120 South Los Angeles St. 📞(213)629-1200 💰S$239～T$239～ 434室

推薦飯店

地鐵路線行經的市中心有許多大型飯店林立，環境絕佳的比佛利山莊和聖塔莫尼卡也很有人氣。

好萊塢　MAP 別冊P10A2 **好萊塢羅斯福酒店** The Hollywood Roosevelt	第一屆奧斯卡金像獎頒獎典禮的會場，設有明星的手印展示區。 交M紅線HOLLYWOOD/HIGHLAND站步行3分　住7000 Hollywood Blvd.　(323)466-7000　圖S$319～T$319～　300室
好萊塢　MAP 別冊P5D1 **洛杉磯好萊塢希爾頓花園飯店** Hilton Garden Inn Los Angeles/ Hollywood	好萊塢觀光十分方便的飯店，價格也很實惠。 交M紅線HOLLYWOOD/HIGHLAND站步行7分　住2005 N. Highland Ave.　(323)876-8600　圖S$199～T$199～　160室
西好萊塢　MAP 別冊P11C1 **安達仕西好萊塢酒店** Andaz West Hollywood	廣受重視夜生活的族群青睞的設計型飯店。交M地鐵巴士2/302路SUNSET BLVD & KINGS RD步行即到　住8401 Sunset Blvd.　(323)656-1234　圖S$238.50～T$238.50～　239室
比佛利山莊　MAP 別冊P4A2 **比佛利山莊酒店** The Beverly Hills Hotel	泳池畔還有豪華的平房式客房。交地鐵巴士2/302路 SUNSET BLVD& BEVERLY DR步行2分　住9641 Sunset Blvd.　(310)276-2251　圖S$485～T$515～　210室
比佛利山莊　MAP 別冊P4A3 **比佛利山半島酒店** The Peninsula Beverly Hills	飯店內採光明亮，空間規劃隱私性高。交地鐵巴士4.16/316路SANTA MONICA BLVD/ WILSHIRE BLVD步行即到　住9882 South Santa Monica Blvd.　(310)551-2888　圖S$525～T$525～　196室
比佛利山莊　MAP P31B2/別冊P9A2 **羅迪歐豪華酒店** Luxe Hotel Rodeo Drive	法國餐廳「On Rodeo Bistro and Lounge」深受好評。交地鐵巴士20路 WILSHIRE BLVD / RODEO DR步行3分　住360 North Rodeo Dr.　(310)273-0300　圖S$309～T$309～　88室
比佛利山莊　MAP 別冊P4A4 **比佛利山萬豪酒店** Beverly Hills Marriott	客房統一為明亮色調，環境舒適放鬆。交M地鐵巴士14路、BBB巴士5路PICO BLVD / BEVERLY DR步行1分　住11 50 S. Beverly Dr.　(310)553-6561　圖S①$259～　258室
比佛利山莊　MAP 別冊P9B3 **洛杉磯比佛利山莊索菲特酒店** Sofitel Los Angeles at Beverly Hills	時尚別緻的室內裝潢營造出成熟大人氛圍。交M地鐵巴士4.105路、地鐵快速巴士705路BEVERLY BLVD/LA CIENEGA BLVD步行即到　住8555 Beverly Blvd.　(310)278-5444　圖S$239～T$239～　333室
聖塔莫尼卡　MAP 別冊P8A2 **洛伊斯聖塔莫尼卡海灘酒店** Loews Santa Monica Beach Hotel	挑高大廳前方的中庭有座大型泳池。交BBB巴士1.7路 PICO BLVD/ MAIN ST步行3分　住1700 Ocean Ave.　(310)458-6700　圖S$399～T$399～　342室
聖塔莫尼卡　MAP 別冊P8A1 **亨特利聖莫尼卡海灘酒店** Huntley Santa Monica Beach	位於安靜住宅區的飯店，還提供BVLGARI的衛浴用品。交BBB巴士2.3.4.9路、地鐵快速巴士720路WILSHIRE BLVD/ 4TH ST步行5分　住1111 2nd St.　(310)394-5454　圖S$299～T$299～　209室
市中心　MAP 別冊P3C3 **洛杉磯城南加州大學麗笙酒店** Raddison Hotel Los Angeles Midtown at USC	離南加州大學（USC）很近，氛圍安靜閒逸。交M博覽線EXPO PARK/USC站或JEFFERSON站步行8分　住3540 S. Figueroa St.　(213)748-4141　圖S①$140～　240室
市中心　MAP 別冊P6B2 **洛杉磯市區酒店** The L.A. Hotel Downtown	地處金融區，無論商務還是觀光都很便利的飯店。交M紅線、紫線PERSHING SQ.站步行12分　住333 South Figueroa St.　(213)617-1133　圖S$239～T$239～　469室
市中心　MAP 別冊P7C2 **洛杉磯加州廣場歐尼酒店** Omni Los Angeles Hotel at California Plaza	幾乎所有客房的浴缸和淋浴間都是獨立分開。離現代美術館很近。交M紅線、紫線CIVIC CENTER/GRAND PARK站步行8分　住251 South Olive St.　(213)617-3300　圖S$209～T$209～　453室
市中心　MAP 別冊P6B3 **洛杉磯喜來登大酒店** Shraton Los Angeles Downtown Hotel	旁邊就是購物中心「Macy's Plaza」。交M紅線7TH ST./ METORO CENTER站步行1分　住711 S. Hope St.　(213)488-3500　圖S$179～T$179～　485室
市中心　MAP 別冊P7C2 **川田酒店** The Kawada Hotel	為簡約機能的設計風格，幾乎每間客房都有附廚房。交M紅線、紫線CIVIC CENTER站步行4分　住200 South Hill St.　(213)621-4455　圖S①$169～　116室
市中心　MAP 別冊P6A3 **菲格羅亞酒店** Figueroa Hotel	飄散著異國風情的精品飯店，離L.A. Live只有幾步之遙。交M紅線、紫線、博覽線、藍線7TH ST/ METORO CENTER站步行6分　住393 S. Figueroa St.　(213)627-8971　圖S$148～T$148～　285室
市中心　MAP 別冊P6A3 **洛杉磯萬豪現場酒店** JW Marriott Los Angeles L.A. LIVE	客房擺設很有時尚感，工作人員態度親切，住起來舒適宜人。交M紅線、博覽線PICO站步行8分　住900 Olympic Blvd.　(213)765-8600　圖S$339～T$339～　878室
市中心　MAP 別冊P6A3 **梅費爾酒店** Mayfair Hotel	1926年開業，位於市中心邊緣的便宜飯店。交M紅線、紫線、博覽線、藍線7TH ST/METRO CENTER站步行10分　住1256 W. 7th St.　(213)632-1200　圖S①$115～　295室

迪士尼樂園度假區
Disneyland Resort in California

佔地遼闊的度假區內涵蓋了兩座主題樂園、飲食、購物區及三間直營飯店，
能盡情倘佯在無限驚奇歡樂的夢幻世界中！

\ Chip 'n Dale /

可愛的花栗鼠兄弟奇奇與蒂蒂

\ King Louie /

「與森林共舞」的猩猩路易王

\ ROZ /

©Disney/Pixar

怪獸電力公司的羅茲

迪士尼樂園度假區的遊玩小小知識

因為進入園內需要經過排隊驗票、安檢、搭乘接駁車等程序，無論平日或假日，都建議在開放入園前半小時左右到達，才能有更充足的時間好好地遊玩各種設施。因為在園內需要不斷的行走，好穿的鞋子也是必要的。也別忘了下載迪士尼樂園APP，可以更方便的掌握園內資訊。想要省錢的話，可以自備簡單的午餐前往，一方面也可省下在餐廳排隊的時間。

Information

交通方式

從洛杉磯國際機場搭直達巴士Disneyland Resort Express，約需45分。圖單程成人＄30、孩童＄22（1位成人可免費攜帶1位孩童，來回票各為＄48、＄36）。從洛杉磯市中心搭Metro Express巴士460路，約需120分。圖＄2.90

1313 Harbor Blvd. Anaheim (714)781-4565 迪士尼樂園9～21時，迪士尼加州冒險樂園10～20時（皆視季節、星期幾而異） 無休

www.disneyland.jp

迪士尼樂園酒店 →P69

迪士尼樂園碼頭酒店 →P69

迪士尼豪華加州酒店 →P69

迪士尼加州冒險樂園 →P64

迪士尼市中心 →P69

迪士尼樂園 →P66

As to Disney artwork, logos and properties: ©Disney

官網購票方法

1. 選擇想要購買的門票種類和張數
2. 選擇Will Call窗口取票
3. 選擇信用卡付款，輸入卡號
4. 確認取票方式

門票券種類和價格　※票價視時期而異

門票有依購買入園天數可不限次數往返兩座樂園的Park Hopper Ticket，以及依購買入園天數僅可出入一座樂園的1-Park Per Day Ticket。購買3 Day以上門票者，會附送一次於週二、四、六開園前提早1小時優先入場的「Magic Morning（MM）」。

5 Day Park Hopper附「MM」Ticket	成人＄335	孩童＄320
4 Day Park Hopper附「MM」Ticket	成人＄320	孩童＄305
3 Day Park Hopper附「MM」Ticket	成人＄295	孩童＄283
2 Day Park Hopper Ticket	成人＄235	孩童＄223
1 Day Park Hopper Ticket	成人＄115~169	孩童＄149~163
1 Day 1-Park Per Day Ticket	成人＄95~119	孩童＄89~113

※視期而異

※購票注意事項
網路購票只開放訂購預定取票日前一個月內的票，而且僅限3 Day以上的票種。取票時，必須攜帶Will Call交換券或列印出訂票完成的畫面、護照之類有附照片的身分證件、付款時使用的信用卡。

check!! 推薦玩點

持續創造歡樂能量的迪士尼樂園度假區，
最新焦點和熱門遊樂設施的介紹如下。

迪士尼樂園
米奇與魔法地圖
Mickey and the Magical Map

對魔法地圖十分好奇的魔法師學徒米奇，即將展開一段充滿幻想的冒險之旅。途中還會遇到寶嘉康蒂、花木蘭、提安娜等多位角色，舞台效果相當精采。

以音樂和繽紛影像打造而成的炫麗舞台

★☆★☆★☆★☆★☆★☆★☆★☆★

迪士尼樂園
奇幻世界
Fantasy Faire

能見到所有出現在迪士尼動畫裡的公主們，於皇家劇院上演的表演秀中樂佩公主、安娜和艾莎也會登場。

公主大集合

迪士尼樂園
「迪士尼光影匯」夜間巡遊
"Paint the Night" parade

迪士尼史上最絢麗奪目的夜間遊行表演。除了領航的《奇妙仙子》隊伍外，還有《汽車總動員》的閃電麥坤、《冰雪奇緣》等各個主題花車→P67。

使用了150萬顆LED燈

迪士尼加州冒險樂園
汽車總動員天地
Cars Land

彷彿置身在電影場景裡©Disney/Pixar

自2012年開幕以來人氣一直上升中。以電影《汽車總動員》為藍本，重現油車水鎮的街景，總共有三項遊樂設施。2016年又全新推出了Luigi's Rollickin' Roadsters。

★☆★☆★☆★☆★☆★☆★☆★☆★

迪士尼加州冒險樂園
紅色電車
Red Car Trolley

博偉街位於充滿懷舊氛圍的入口區，從這兒可搭上紅色電車如時光倒流般重回1920年代的洛杉磯。

紅色電車會行經多個景點，最後停靠在驚魂古塔前

度假區內的移動
度假區內有兩款免費的交通工具

★路面電車
連結樂園周邊的停車場和迪士尼市中心、兩座樂園的主要入口。

★單軌電車
連結迪士尼樂園和迪士尼市中心。於搭乘車站會查驗門票，可直接進入園內的明日世界。

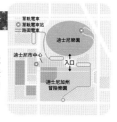

暢遊迪士尼樂園的5大訣竅

1 索取TIME GUIDE
入園後記得拿一張TIME GUIDE和園區地圖，上面有許多實用的資訊。

2 善用Fast Pass
能優先進入遊樂設施的通行券，只需將門票插入遊樂設施前的發券機就會彈出Fast Pass。

3 便利的Single Rider
有的遊樂設施會優先讓單人遊客進場，就算沒有Fast Pass也能比平常更早抵達。

4 建議先行預約餐廳
午餐時段的餐廳經常座無虛席，入園後最好先去預約行前已決定好的餐廳。

5 與卡通明星打招呼
請預先瀏覽地圖，確認卡通人物會出現的場所，若想找的卡通明星不在現場，只需向Toon Finder詢問，即可得知所在位置。兩座樂園都設有能邂逅卡通人物的餐廳（→P65、67），不妨自備簽名本和筆，找卡通明星簽個名吧。

在加州的燦爛陽光下盡情歡樂

迪士尼加州冒險樂園

Disney California Adventure Park

以加州為主題的樂園，有許多能倘佯在西海岸萬里晴空下的戶外遊樂設施。

可利用Fast Pass的遊樂設施
- ●驚魂古塔
- ●油車水鎮大賽車
- ●加州尖叫
- ●高飛狗飛行學校
- ●彩色世界
- ●灰熊激流泛舟
- ●翱翔加州

Ⓐ Ⓖ Ⓓ
Ⓑ 汽車總動員天地
天堂碼頭
太平洋碼頭
Ⓕ 蟲蟲樂園
灰熊山峰
Ⓒ
Ⓔ
好萊塢世界
博偉街
賓客服務中心

暢遊人氣遊樂設施&表演秀的1Day經典行程

❶ 賓客服務中心

先拿張TIME GUIDE後，再前往天堂碼頭索取彩色世界的Fast Pass

❷ 灰熊山峰

玩灰熊激流泛舟的途中水花會噴濺全身，可先到旁邊商店先買件雨披

❸ 從博偉街搭乘紅色電車

重現1920年代運行的路面電車。午餐可選擇攤車販售的輕食

❹ 汽車總動員天地

有油車水鎮大賽車及2016年新登場的Luigi's Rollickin' Roadsters等三項遊樂設施。

❺ 前往天堂碼頭

有多款令人驚叫的遊樂設施

可從約46m的高度俯瞰樂園的米奇摩天輪

❻ 彩色世界

視觀賞位置可能會有水花飛濺，若要坐在展望區就得索取Fast Pass。最好於表演秀前先用完晚餐

❼ 到博偉街選購伴手禮

絕對非玩不可

人氣遊樂設施＆表演秀

天堂碼頭　加州獨有

加州尖叫
California Screamin'

 MAP MAPP64 Ⓐ　速度系

讓人欲罷不能的速度感！

出發後隨即加速至90km！接著展開迴旋、急速下降的刺激雲霄飛車。為大受歡迎的遊樂設施，所以最好先索取Fast Pass。
※身高限制122cm以上

汽車總動員天地　　刺激系

油車水鎮大賽車
Radiator Springs Racers

MAP MAPP64 Ⓑ

在電影世界裡飆速賽車

能以時速40英哩奔馳在汽車總動員的Ornament Valley場景中，每場賽車的狀況都不一樣。若單獨一人玩也OK的話，建議走可以比較快玩到的Single Rider通道。

天堂碼頭

彩色世界
World of Color

MAP MAPP64 Ⓒ　幻想系

如夢似幻的夜間表演秀

投影在巨大水幕上的迪士尼動畫不僅美輪美奐，格局也很震懾人心。可盡情沉浸在五彩繽紛的幻想世界中。

天堂碼頭　加州獨有

米奇摩天輪
Mickey's Fun Wheel

 MAP MAPP64 Ⓓ　觀景系

最推薦傍晚時分搭乘

巨大摩天輪上的米奇頭像非常顯眼，車廂有兩種類型，想要悠閒欣賞景色的人就選紅色車廂，想體驗刺激感的人就挑紫色或橘色車廂。

灰熊山峰　　瀕濕系

灰熊激流泛舟
Grizzly River Run

MAP MAPP64 Ⓔ

會有大量的水灌入浮筏內

搭乘八人坐的圓形浮筏從灰熊峰順著激流一路往下，過程中激起的水花會打濕全身。行經瀑布下方水潭時大量水花頓時飛濺，刺激度滿點。
※身高限制107cm以上

天堂碼頭　加州獨有

《冰雪奇緣》音樂劇
Frozen - Live at the Hyperion

MAP MAPP64 Ⓕ　幻想系

一窺名作的世界

2016年5月於亥伯龍劇院全新推出的《冰雪奇緣》表演秀，以美麗的舞台服裝和最新特效打造出完美的電影世界。

推薦餐廳在這裡

天堂碼頭

Ariel's Grotto

MAP MAPP64 Ⓖ

與公主一起開心用餐

早餐和午餐時段為Character Dining，會有小美人魚愛麗兒、白雪公主、灰姑娘等多位公主現身。晚餐時段還有搭配彩色世界觀賞區入場券的彩色世界晚餐套裝方案。

有時公主還會幫忙指導餐桌禮儀呢

午間套餐成人$33、孩童$19

原創遊樂設施和娛樂表演相當充實

迪士尼樂園

Disneyland Park

1955年開幕的第一家迪士尼主題樂園，
園區內設有許多與華特迪士尼相關的景點。

可利用Fast Pass的
遊樂設施
●印第安納瓊斯探險之旅
●飛濺山
●巨雷山
●兔子羅傑卡通轉轉車
●馳車天地
●巴斯光年星際歷險
●太空山

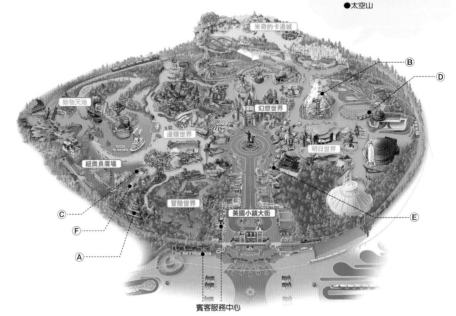

米奇的卡通城

動物天地

幻想世界

邊疆世界

明日世界

紐奧良廣場

冒險世界

美國小鎮大街

B
D

C
F
A
E

賓客服務中心

暢遊人氣遊樂設施&表演秀的1Day經典行程

1 在 Plaza Inn 享用早餐

卡通明星陪吃早餐，
可別忘了自備簽名本

若要玩太空山請在這
裡索取Fast Pass

2 幻想世界

有加州才玩得到的馬特洪雪橇等眾多遊樂設
施，還能見到迪士尼的公主們

3 明日世界

4 紐奧良廣場

以爵士樂的大本營
「紐奧良」為主題，
有加勒比海盜、幽靈
公館等人氣遊樂設施

5 邊疆世界

以19世紀的美國拓荒
時代為背景

邊疆世界中必玩的巨雷山

6 米奇音樂饗宴
大遊行

米奇和所有同伴們都會出
現在美國小鎮大街上

7 冒險世界

印第安納瓊斯探險之旅
和叢林巡航的等候時間
比較短

最好在表演活動前
先用完晚餐

8 觀賞煙火秀和夜間遊行

絕對不能錯過「迪士尼光影匯」夜間巡遊以
及晚上的煙火秀，看煙火秀視野較佳的地點
有睡美人城堡前、邊疆世界前的美國河等。

9 在美國小鎮大街選購伴手禮

在米奇音樂饗宴大遊
行中還會嶄露精湛的
鼓藝

As to Disney artwork, logos and properties: ©Disney

絕對非玩不可

人氣遊樂設施＆表演秀

冒險世界

印第安納瓊斯探險之旅
Indiana Jones Adventure
MAP MAPP66 Ⓐ　探險系

搭吉普車馳騁於古代遺跡

以暢銷電影《印第安納瓊斯》為主題的遊樂設施，乘坐吉普車高速穿梭在宛如電影場景中的古代遺跡。

※身高限制117cm以上

© 2014 Lucasfilm Ltd

明日世界　加州獨有

★海底總動員潛艇之旅
Finding Nemo Submarine Voyage

出發去找尼莫囉！

坐上黃色潛水艇往持續大規模噴發的海底火山前進，可一窺尼莫和好朋友們在海中開心生活的模樣。

MAP MAPP66 Ⓓ　幻想系

Finding Nemo Submarine Voyage is inspired by Disney·Pixar's "Finding Nemo." ©Disney/Pixar

---

幻想世界　加州獨有

馬特洪雪橇
Matterhorn Bobsleds
MAP MAPP66 Ⓑ　驚叫系

從雪山頂上高速滑降

搭乘細長型的雪橇穿越雪山。會連續行經好幾個急彎，途中還有雪人出沒。

※身高限制107cm以上

永遠的迪士尼
Disneyland Forever
幻想系

結合光雕投影與煙火的表演秀

透過影像和煙火打造出迪士尼的夢幻王國，體驗置身於《海底總動員》、《彼得潘》等眾多人氣迪士尼動畫的世界中。

紐奧良廣場

加勒比海盜
Pirates of the Caribbean
娛樂系
MAP MAPP66 Ⓒ

開心歡唱的海盜世界

乘著海盜船航行於夜晚風平浪靜的海面上，接著會出現一群海盜熱鬧狂歡的景象。重新翻修時增加了一些新的機關，絕對值得期待，入口處還能見到傑克船長的身影。

矗立於幻想世界的睡美人城堡為迪士尼樂園的地標，蘊含著華特迪士尼歡迎每位賓客的心意。

「迪士尼光影匯」夜間巡遊
"Paint the Night" parade
幻想系

最絢爛華麗的夜間遊行

點亮迪士尼樂園夜空的精彩表演秀，主要繞行於幻想世界和美國小鎮大街。一路上可見以LED燈繽紛裝飾的《怪獸電力公司》、《玩具總動員》等花車隊伍，約歷時40分鐘。

推薦餐廳在這裡

美國小鎮大街

Plaza Inn
MAP MAPP66 Ⓔ

米奇造型鬆餅相當有名

能遇到米奇和其他同伴的餐廳。從一開園就開始營業，自助餐式的早餐很受歡迎。米奇造型的鬆餅也是熱門必點。

紐奧良廣場

Blue Bayou Restaurant
MAP MAPP66 Ⓕ

美國南部菜

可以品嘗到什錦飯之類的美國南部菜，氣氛也很棒。

將樂園的回憶整個搬回家
迪士尼商品

大玩特玩後來逛逛伴手禮和紀念品吧。
除了園區內的賣店外，也很推薦迪士尼市中心的店家！

$16.95

各$11.95

可可套組
充滿可愛感的復古風鐵
罐，能品嘗多樣口味

鹽&胡椒罐組
米妮和米奇的完美搭檔
讓餐桌更添色彩

彩色爆米花
外觀也很討喜的零食

$14.95

量匙
增加料理時的
小小樂趣

$22.95

米奇咖啡濾壓壺
只需注入熱水就能輕鬆沖泡
咖啡的玻璃壺

$33

達菲熊玩偶
美式風格的裝扮

$2.45

餅乾
米奇臉型的椰香餅乾

$5.99

耳環
仿米妮臉部造型
的漂亮點點耳環

米妮帽
耳朵和蝴蝶結是
吸睛重點

$19.99

$9.50~

米妮玩偶
依服裝和尺寸大小
價位不一

這裡買得到！

● 迪士尼加州冒險樂園→ P64
● 迪士尼樂園→ P66
● 迪士尼市中心→ P69

※部分商品可能已無販售

068

\ 還想跟米奇膩在一起！/
迪士尼市中心＆迪士尼直營飯店

於樂園盡情玩樂後，接著前往可享受美食和購物樂的迪士尼市中心。
若入住迪士尼直營飯店，即可在夢中繼續與米奇相會。

World of Disney　Jamba Juice　Sephora（化妝品）　MarkLines Confectionery（甜點）　Ralph Brennan's Jazz Kitchen《Live音樂餐廳》　LEGO Imagination Center（玩具）　Napoli Ristorante & Pizzeria（義大利菜）　Build-A-Bear Workshop（玩偶）　House of Blues Restaurant（Live音樂餐廳）　Tortilla Jo's　Rainforest Cafe（美式餐點）

推薦餐廳&商店

World of Disney
 MAP MAPP69

一次購齊
迪士尼商品

園內販售的商品這裡幾乎
都有，就算有漏買的伴手
禮也不用擔心。

DATA 時9～22時（週五、六～翌1
時，週日～24時）　休無休

有各種造型裝扮的達菲熊

Tortilla Jo's
MAP MAPP69

美味的正宗墨西哥菜

於歡樂的拉丁氣氛中，
享用玉米捲餅等耳熟能
詳的墨西哥菜及特調瑪
格麗特。

DATA 時11～22時　休無休

餐廳有兩層樓，座位數眾多。
現烤的薄餅相當美味

在直營飯店
享受夢幻時光

這裡最特別！
❤ 每間飯店都有卡通人物陪吃早餐的餐廳
❤ 在園區內採買的商品都可免費配送至飯店
❤ 即使遇到園方限制人數也保證可以入園
❤ 早上會有米奇的Morning Call

迪士尼樂園酒店
Disneyland Hotel
MAP MAPP62

迪士尼魔法的原點

度假區內首座落成的飯店，客房
均以迪士尼為設計主題。

DATA ☎(714)778-6600　金$244～
客房數948室

做個開心的美夢吧

迪士尼豪華加州酒店
Disney's Grand Californian Hotel & Spa
MAP MAPP62

盡情倘佯在度假氛圍中

維多利亞風格的優雅飯店，設有
通往迪士尼加州冒險樂園的專用
入口。

DATA ☎(714)635-2300　金$287～
客房數745室

充滿高級感的大廳

迪士尼樂園碼頭酒店
Disney's Paradise Pier Hotel
MAP MAPP62

洋溢著輕鬆愉悅的氣息

完全營造出加州風格的歡樂氣
氛，以藍色和黃色為基調的客房
充滿玩心。

DATA ☎(714)999-0990　金$192～
客房數489室

度過悠遊自在的假期

\ 體驗登峰造極的好萊塢電影世界 /

好萊塢環球影城

Universal Studios Hollywood

親臨製作出好萊塢電影的攝影棚，一窺電影的舞台幕後。
透過驚險刺激的飛車、表演秀、遊樂設施，盡情享受電影的世界。

Information

交通方式

Ⓜ紅線UNIVERSAL CITY站可搭免費接駁巴士前往環球影城和商店街。接駁巴士的停靠站位於UNIVERSAL CITY站出來後的馬路對面，每隔10～15分發車。運行7時～閉園後2小時。公休無休。若是自駕，從市中心走Hollywood Fwy.101號北上，於Universal Studio Blvd.下高速公路，沿著指標前進即可到達停車場，車程約20分。從好萊塢搭計程車也很方便，約需10分。

地址100 Universal City Plaza. Universal City ☎(1-800)864-8377 時間10～18時（週六日～21時）※視時期而異 公休無休 費用1日券\$90～（3～9歲\$84～）
網址www.universalstudioshollywood.com

暢遊好萊塢環球影城的 **4** 大訣竅

① VIP Experience

由經驗豐富的導遊陪同參觀影城，同時園內所有遊樂設施和表演秀皆可無限次優先入場。還能使用VIP休息室，體驗有如巨星般的特別享受。費用\$359～※需預約。可上網預約

③ STUDIO DIRECTORY

園內多處設有電子看板STUDIO DIRECTORY，顯示表演秀的時程表與各遊樂設施的等候時間。可隨時確認最新資訊，妥善安排時間。

② Front of Line

可享遊樂設施和表演秀各一次優先入場的通行證。冬天等淡季期間，部分遊樂設施還會推出參觀後台的特別活動。費用\$199～（3歲以上）※內含一日券，夏天和聖誕節前後\$239

④ 有效率的玩樂攻略

建議一開園就入場，在人氣遊樂設施的人潮尚未擁擠前就先去玩。搭乘水上遊樂設施時可能會淋濕身體，最好將相機等物品寄放在入場後右手邊的投幣式置物櫃（費用\$8～）。

絕對非玩不可

人氣遊樂設施&遊園列車

遊園列車
Studio Tour

環球影城的原點

能沿路參觀電影拍攝場景的遊園列車，還可以見到史蒂芬史匹柏導演要求設置的大型好萊塢老街道布景。

哈利波特魔法世界™
The Wizarding World of Harry PotterTM

2016年4月隆重開幕！

忠實重現哈利波特奇幻旅程的園區，能盡情倘佯在魔法的世界中。

變形金剛3D
Transformers : The Ride-3D

人氣No.1的遊樂設施

模糊虛幻與現實的界線，刺激度百分百的次世代飛車遊戲。使用最先端體感偵測和特殊效果的高畫質3D立體影像，同時結合模擬飛行裝置的技術，創造出一個令人耳目一新的世界。
※身高限制102cm以上，102～122cm須有保護者同行

水世界®
Water World®

動作場面精彩絕倫的水上表演

以賣座電影《水世界》為藍本的戰鬥表演秀。冒著生命危險的特技演員們穿梭在爆破場景與飛濺的水花間，劇情緊張又刺激。

神鬼傳奇之旅
Revenge of the Mummy- The Ride

沿途會有木乃伊偷襲的尖叫之旅

以《神鬼傳奇》系列為主題的恐怖雲霄飛車。在遺跡中探索時會看到一堆金銀財寶，然後在一瞬間車子開始以72km的時速在漆黑中奔馳，還有木乃伊緊追在後。過程中會突然反向運轉＆急速下降，完全無法預測，只能一路尖叫到最後。※身高限制122cm以上

侏儸紀公園之旅
Jurassic Park®-The Ride

要有心理準備會被淋濕的熱門遊戲

能近距離見到栩栩如生的巨大暴龍，身歷其境《侏儸紀公園》世界的水上遊樂設施，最後還會從25m高的瀑布落下。
※身高限制107cm以上，107～122cm須有保護者同行

盡興玩樂後的下一站！

環球影城商店街
Universal CityWalk

MAP 別冊P2B1

玩得心滿意足後再來這兒逛逛

結束環球影城的遊樂行程後，不妨到商店街繼續感受歡樂氣息。音樂、電影、夜店、美食等應有盡有，餐廳和商店各有30多家入駐。

DATA 🏠1000Universal City Plaza. Universal City
📞視店而異　🕐11～21時(週五、六～23時)
※視時期而異　🈚無休
🌐www.citywalkhollywood.com

SHOP LIST　匯集了人氣餐廳、可輕鬆用餐的美食街共33間店。

★Wolfgang Puck Bistro (新美式餐點)
★Saddle Ranch Chop House (牛排)　★Tony Roma's (豬肋排)
★Hard Rock Cafe Hollywood (美式餐點)
★Bubba Gump Shrimp (海鮮)　★Pick's (熱狗)

🛍 Universal Studio Store

將印有LOGO的商品當伴手禮

印有好萊塢環球影城LOGO的商品、話題角色人物的相關品項都十分豐富，在園區內忘了買伴手禮的人一定要來逛逛。

DATA 📞(818)622-8000　🕐11～21時(週五、六～23時)　※視時期而異　🈚無休

E.T.布偶$10.95 (左)，矮杯$6.95 (右上)，磁鐵$4.95 (右下)

營業時間到很晚，幾乎一整天都人聲鼎沸

刺激飛車類遊戲也很充實的世界首座主題樂園

諾氏草莓樂園

Knott's Berry Farm

諾氏草莓樂園是全世界第一座主題樂園。可重返西部片的世界、與史努比及其他同伴們一同嬉戲，懷舊的氛圍極具吸引力。令人驚聲尖叫的遊樂設施也不妨挑戰看看吧。

\ SNOOPY /

\ charlie Brown &Lucy /

\ Woodstock /

史努比會在入口迎接大家

重現西部拓荒時代的蒸汽火車

以飛車類遊樂設施佔多數！

也有許多令人驚聲尖叫的遊樂設施

Information

交通方式

從洛杉磯的市中心搭Express巴士460路，LA PALMA AVE & BEACH BLVD下車，所需1小時～1小時30分。開車的話從市中心走FWY-5南下，於Beach Blvd.下高速公路後往南開，車程約40分。

PARK DATA

🚉LA PALMA AVE & BEACH BLVD步行15分
🏠8039 Beach Blvd.
📞(714)220-5200
🕙10～22時(視季節、星期幾而異)　🈚無休
💲1日券$72(3～11歲和62歲以上$42)
🌐www.knotts.com

入住官方飯店

納氏草莓園酒店

Knott's Berry Farm Hotel

好想住在史努比客房喔！

官方飯店就緊鄰園區。也可以只利用餐廳，若想玩上一整天的人則推薦住在這裡。預約住宿時，別忘了提出要入住史努比客房的需求。

DATA 🏠7675 Crescent Ave. Buena Bark
📞(714)995-1111
💲$99～　客房數948室

共有16間史努比客房

就算排隊也要玩到！

人氣遊樂設施&表演秀

雲霄飛車
Xcelerator

絕叫系

驚叫系的人氣No.1

全長670m，反覆急速俯衝和拉高的熱門飛車。啟程後僅2.3秒就飆到時速132km，並一口氣拉到62m的最高點。能體驗驚聲尖叫的超快感，就算排隊也值得。※身高限制132cm以上

巴特菲爾德馬車
Butterfield Stagecoach

觀景系

從創園至今的遊樂設施

乘坐真正的馬車漫步園區，感受當西部片主角的氣氛。搭乘前工作人員會詢問要坐車頂還是車內，可自由選擇。

銀彈飛車
Silver Bullet

驚險系

最恐怖的倒吊式雲霄飛車

符合銀彈之名的超刺激倒吊式雲霄飛車，以懸掛空中的狀態一路馳騁。※身高限制137cm以上

回力棒
Boomerang

刺激系

驚險程度為園內數一數二

一分鐘內迴旋6次以上的世界首座雲霄飛車。飛車往後拉高後隨即快速向下俯衝，驚嚇度絕對破表。※身高限制122cm以上

卡里科煤礦車
Calico Mine Ride

探險系

歡迎來到西部片的世界

乘坐古老礦車先到鬼鎮看牛仔，接著穿梭在昏暗的金礦隧道中探險，可一睹淘金時代的加州風貌。※身高117cm以下須有保護者同行

史努比卡通人物表演秀
Peanuts Character Show

幻想系

熱門卡通人物的現場表演

於史努比營推出的歡樂歌舞秀，由史努比與同伴們擔綱演出。為園區內唯一的卡通人物表演，名稱和內容會隨季節而變動。懂英文的話會覺得比較有趣。

大玩特玩後再去購物&用餐

加州市集
California Market Place

餐廳和商店齊聚的園區外空間。包括能吃到著名炸雞的Mrs.Knott's Chicken Dinner Restaurant、卡通人物商品應有盡有的Snoopy HeadQuarters在內，共有5間餐廳和7商店入駐。之後還要入園的遊客，請記得在出口處蓋章。

不可錯過網羅卡通人物商品的店家

大大小小的史努比布偶
$11.99〜

諾氏草莓樂園的招牌炸雞套餐

市區逛逛小建議

洛杉磯的主要交通工具為鐵路（地鐵）和巴士（地鐵快速巴士），對旅客而言也是最方便實用的移動方式。但地鐵快速巴士以外的巴士路線都過於複雜，得掌握訣竅才有辦法善加利用。計程車也是選項之一，可與其他交通工具互相搭配靈活運用。

●一天以2個區域為限

外出旅遊時常容易將行程排得太滿，但要在幅員遼闊的洛杉磯按照計畫移動實則困難。若不租車光靠公共交通工具和計程車的話，建議一天行程只排2個區域好好享受觀光的樂趣。

●地址的標示方式

洛杉磯的地址標示非常簡單，以門牌號碼和路名為基準。例如8000 Melrose Ave.，8000即門牌號碼，Melrose Ave.就是路名。有時路名後還會標示出如Suite 100的房間號碼，路名前則大多會附上East、West、South、North（E.W.N.S）。

●在開車族眾多的LA輕鬆遊覽

洛杉磯面積廣大，加上各主要區域分散各處，所以當地居民多為開車族。搭乘巴士和地鐵雖能前往各主要觀光景點，卻得耗費不少轉乘的時間。因此在規劃行程時，必須將各區域間的移動時間也考量進去。為了有效運用短暫的停留時間，計程車也是必要的交通工具。不僅能迅速抵達目的地，若四人共乘，車資平攤下來也很划算。

此外在開車族眾多的城市裡，平日的尖峰時段和週末、假日都會有塞車的問題，要有心理準備可能得花上比預期還要久的時間，行程安排上請盡量寬鬆。

美國的道路幾乎都很寬敞，車流量也多。過馬路時應走行人穿越道，並留意周圍車況

走行人穿越道前先按一下信號燈桿上的銀色按鈕，待指示燈轉成綠色才能安全通行

車票的種類

利用公共交通工具前請先確認清楚各種車票，若一天之內要搭好幾趟則建議購買一日券。

●地鐵一日券

地鐵和地鐵巴士通用的地鐵一日券Metro Day Pass。兩者合計一天搭乘4次以上者，買地鐵一日券絕對划算。可於地鐵的自動售票機購買，購票方式請參照右欄。票價$7（購入當日有效），含首購tap卡費用在內$8。

●BBB巴士一日券

可全天不限次數搭乘BBB巴士的一日券Big Day Pass，價格便宜。車內也有售票，但只接受現金支付，因此請自備零錢。票價$4（購入當日有效）。

※目前洛杉磯已廢止紙卡車票，全面改用tap卡

●tap卡

地鐵、地鐵巴士、Dash巴士等通用的預付式IC卡。首次購買時除儲值金額外需另收製卡費$1，之後可反覆加值使用。旅客可依停留時間加值所需金額，一天內會搭4次以上者就選擇一日券$7，一星期會搭14次以上者則選擇7-day Pass $20。自動售票機和地鐵客服中心均有售。

到地鐵客服中心索取資料

提供路線圖、時刻表等服務的地鐵客服中心是旅客的好幫手，還能買到tap卡。
聯合車站Union Station
MAP別冊P7D2
住800 N.Alameda St.
時6時～18時30分 休週六、日

於售票機購買一日券（首購）

①隨意按下任一鍵售票機的按鈕
②按壓「Purchase new Tap＋Fare」
③選擇「TAP（$1fee）and Metro Fare」
④選擇「Metro Day Pass Valid on 1st tap」
⑤投入金額
⑥從出票口領取儲值完成的tap卡

於售票機用tap卡加值一日券

①隨意按下任一鍵售票機的按鈕
②選擇「Add Fare to TAP Card」
③畫面會出現「Please tap your TAP to target」
④將卡片觸碰「TAP HERE」
⑤選擇「Add Metro pass」
⑥選擇「Metro Day Pass Valid on 1st tap」
⑦投入$8
⑧再度將卡片觸碰「TAP HERE」
⑨完成加值
※卡片需感應2次才能完成加值。

地鐵 | Metro Rail

Metro Rail是由MTA（洛杉磯郡都市交通局）營運的鐵道。共有6條路線，各以不同顏色區分，簡單又明瞭。以位於市中心的聯合車站為起點，路線範圍涵蓋至長灘、洛杉磯國際機場等地。從聯合車站還可搭乘延伸至LA近郊各地的通勤火車。

●車資：$1.75（含首購tap卡費用在內$2.75）
●運行時間：5時左右～翌1時左右（視路線而異）

紅線	行經好萊塢高地中心、好萊塢環球影城等景點，為旅客常利用的路線。
藍線	可由市中心的METRO CENTER站一路搭到長灘，但該區段的治安不佳。
金線	與紅線反方向延伸通往帕薩迪納的路線，會行經中國城和小東京等景點。
綠線	可從AVIATION站搭免費接駁巴士前往機場，並於WILLOWBROOK站與藍線交會。
紫線	從聯合車站往西延伸的路線，至WILSHIRE／VERMONT站前皆與紅線路線重疊。
博覽線	由市中心行經西側通往庫佛市，已於2016年5月延伸至聖塔莫尼卡。

●於自動售票機購買單程車票

①按鈕進入購票畫面

售票機上有10個按鈕，壓下按鈕即可購票。隨意按任何一鍵就會跳出畫面，接著選擇「Purchase new Tap＋Fare」。

②選擇車票種類

壓下「TAP（$1fee）and Metro Fare」的按鈕，選擇單程車票「Metro Rail 1-Ride」。並非觸控式螢幕，必須按壓數字旁的銀色按鈕。

③投入金額

投入紙鈔或硬幣。找零時只有硬幣，最好避免大鈔，選用小額紙鈔或硬幣，也可以選擇信用卡付款。若為首次購買tap卡，含製卡費$1在內的票價為$2.75。

④取回車票和找零

可由售票機下方標示「TAP／TICKET／CHANGE」的橫長形出口取出tap卡和找零。保險起見再次檢查找回的零錢和車票種類是否正確。

●搭乘地鐵

❶ 尋找車站

車站會立有Metro的「M」字標誌看板，亦即入口所在。雖名為地鐵但有些路線和區域會行駛在路面上，因此車站位置很容易辨識。

❷ 確認路線

先從路線圖確認自己欲前往的方向該搭哪一條路線，或是該在哪一站轉乘。

❸ 購買車票

車票（tap卡）可在自動售票機購買，請事先備妥硬幣或小額紙鈔。除現金外也可使用信用卡付款，會提供收據。

❹ 通過閘票口搭車

將tap卡輕觸閘票口上標示「TAP」的感應區，就能進入月台。月台上和車廂內經常會有查票人員，所以一定要持有tap卡。月台依路線而不同，搭車前仔細確認目的地。

❺ 下車後往出口方向

車內會廣播告知停車站名，但車廂內太吵雜、播報速度又快很難聽得清楚，因此最好事先查好欲下車的車站在第幾站。由於沒有設置閘票口，直接往出口方向走即可。

❻ 出站到路面上

下車後依循「EXIT（出口）」的指標前進，不論是通往路面上的出口還是有關轉乘的資訊都標示得很清楚。搭手扶梯時請靠右站立。

巴士 | Bus

行駛於洛杉磯市區的巴士有3種。最方便旅客利用的是部分每站皆停的地鐵巴士、只停大站的地鐵快速巴士、前往安納罕的迪士尼樂園時行經高速公路的Express巴士，其餘的巴士由於路線複雜只適合當地居民搭乘。搭車前請記得再次確認路線號碼是否正確。

●地鐵巴士MTA Bus

由MTA（洛杉磯郡都市交通局）所營運的巴士，路線遍及洛杉磯市內全區。依路線號碼區分運行區域和巴士種類，總路線數量多達200條以上。巴士站的M字標誌上，會標示出路線號碼和訖點。除此之外，還有地鐵快速巴士（Metro Rapid）、Express巴士（Metro Express）、聯絡地鐵與其他路線的快捷巴士Metro Transitway（銀線和橘線）。
- 車資：$1.75，快捷巴士$2.45
- 運行時間：5時左右～翌1時左右（視路線而異）
- 便於觀光的路線：從聯合車站經由比佛利山莊往聖塔莫尼卡方向的704路、從市中心經由羅迪歐大道往聖塔莫尼卡方向的720路、前往諾氏草莓樂園和迪士尼樂園方向的460路等

●BBB巴士Big Blue Bus

由聖塔莫尼卡市營運的巴士，往返於聖塔莫尼卡和周邊地區。要前往聖塔莫尼卡市中心位置的第三街步道～阿伯特金尼大道，搭Route 1最方便。
- 車資：$1.25（Rapid $2.50）
- 運行時間：5時30分～24時左右（視路線而異）
- 便於觀光的路線：從威尼斯海灘經由緬因街、第三街步道往UCLA方向的Route 1等

●Dash巴士Dash Bus

由LADOT（洛杉磯市交通局）營運的巴士，以循環市中心的7條路線及好萊塢～西好萊塢路線最實用。週末期間的部分路線會有變動，平日早晚時段還會推出通勤專車Commuter Express。
- 車資：$0.50
- 運行時間：5時50分～19時左右（週六日10～17時，視路線而異）
- 便於觀光的路線：連結華特迪士尼音樂廳、小東京、中國城的Route B等（週六日、假日停駛）

利用Dash巴士的注意事項
- 行駛於市中心的路線，若遇平日傍晚返家的尖峰時段可能會因客滿而搭不上車
- 週六日、假日有多條路線停駛

●搭乘巴士

① 尋找巴士站
巴士站會置有標示路線和訖點的看板。巴士站的外觀不一，有的會附頂棚遮蓋、有的只豎著一根站牌。

② 確認路線
一個巴士站會有多條路線巴士停靠，因此搭車前請確認車身正面上方的路線號碼和訖點。

③ 上車
巴士靠近時舉手示意搭車，從前門上車。上車時再次確認有無行經目的地，若能請司機到站時提醒一聲就更安心了。

④ 支付車資
由於不找零，也沒有兌幣機，最好事先備妥剛好的金額。硬幣和紙鈔的投入口不同，請留意。若使用tap卡支付，將卡片輕觸tap感應區即可。

⑤ 按鈴下車
接近要下車的巴士站時，拉一下電鈴線或橡膠條，前方的「STOP REQUIRED」紅色燈誌就會亮起，代表「下車」的信號。

⑥ 下車
原則上從後門下車，若離前面比較近也可從前門下車。

上車＆下車時的注意事項
- 夜間搭車要多加留意。車內基本上安全無虞，但還是選擇司機附近的位置比較安心
- 離市區較遠的巴士要特別小心，最好選擇搭計程車或其他交通工具
- 轉乘站大多設在主要幹道的交叉路口，請事先做好確認

計程車 | Taxi

在幅員廣大的洛杉磯，搭計程車會比轉乘巴士和地鐵快上許多。尤其人潮稀少的深夜和清晨時段，就安全性來說，建議還是搭計程車為佳。
●車資：合法計程車的起跳價為$2.85（1／9英哩），之後每1／9英哩加收$0.30。塞車時的等候時間每37秒$0.30，若要前往較遠的地方則需加收長途費用。
●運行時間：24小時

主要計程車公司

- ●Yellow Cab Co. ☎(877)733-3305
- ●United Taxi ☎(800)822-8294
- ●United Checker Cab Co. ☎(877)201-8294

※合法計程車會貼上規定的標誌，切勿搭乘沒有正規營業許可的白牌車。

租車 | Rent a Car

觀光景點散落各區的洛杉磯，租車也是方便的選項之一。機場和主要飯店都設有大型租車公司的服務櫃台。

●租車

在國內預約
若決定要租車自駕，最好先行在國內預約。可透過電話或網路進行預約，只需提供車種和還車的地點、時間、日期與所需車輛規格等資訊，就能輕鬆完成租車預訂。取車時請攜帶護照、台灣駕照和國際駕照、與護照相同持有人同名義並可於國外使用的信用卡、預約號碼或預約確認資料等。

在當地租車
到機場或主要飯店的服務櫃檯直接辦理手續，若駕駛不只一位，要事先告知。為防萬一，務必要購買保險，請選擇保障完整的「全險（Full Cover）」比較安心。

●還車
原則上是在租車處還車，但若另外付費也能選擇別處還車。還車時通常會規定必須將汽油加至與領車時同等的油量或更多。

主要租車公司

- ●Alamo　台灣：☎02-2537-0020（免付費電話）
  道路救援：☎1(800)803-4444
- ●Avis　台灣：☎0800-600-601（免付費電話）
  洛杉磯國際機場：☎(310)342-9200
- ●Dollar　台灣：☎0800-064-899（免付費電話）
  美國：☎1(866)434-2226
- ●Hertz　台灣：☎0800-272-729免付費電話）
  洛杉磯國際機場：☎(310)568-5100
- ●Budget
  洛杉磯國際機場：☎(310)642-4500

●搭計程車

❶尋找計程車
路上基本上招不到計程車，必須在觀光景點、飯店等處的計程車招呼站搭車。

❷上車
車門為手動式。只告知目的地名稱通常無法正確傳達，因此請向司機詳述地址。車子開動後記得確認一下跳表機有無正常運作。

❸支付車資
除車資外還要再加上15～20%的小費，為避免糾紛請務必索取收據。

❹下車
確認隨身物品後自行打開車門下車，也別忘了關上車門。

●加油（自助式）

❶停車
依車型油箱位置也左右不一，請先確認有開至加油機旁。引擎熄火走出車外時，記得拔下鑰匙，並鎖上車門。

❷付費
幾乎所有的加油站都採先付費後加油的方式。以現金支付者，可到附設賣店告知店員加油機的編號和金額就能結帳，持信用卡者，將卡片插入後依照指示操作即可。

❸加油
一般選擇Regular（92無鉛汽油）就OK。選擇汽油種類後將油槍插入加油口，按下板機就會開始加油，當油槍跳起，就代表已經加滿。

❹完成加油
以現金支付者加到該金額時油槍會自動跳停，可到賣店領回找零；以信用卡支付者，可直接從加油機領取收據。

開車時的注意事項

- ・未繫安全帶者違反交通規則
- ・限速標示以英哩為單位，1英哩=1.6公里
- ・當校車巴士顯示STOP標誌並開始閃燈要停車時禁止超越
- ・紅燈若無「禁止右轉」的標示即可右轉
- ・行駛間使用手機通話或操作智慧型手機皆違反交通規則

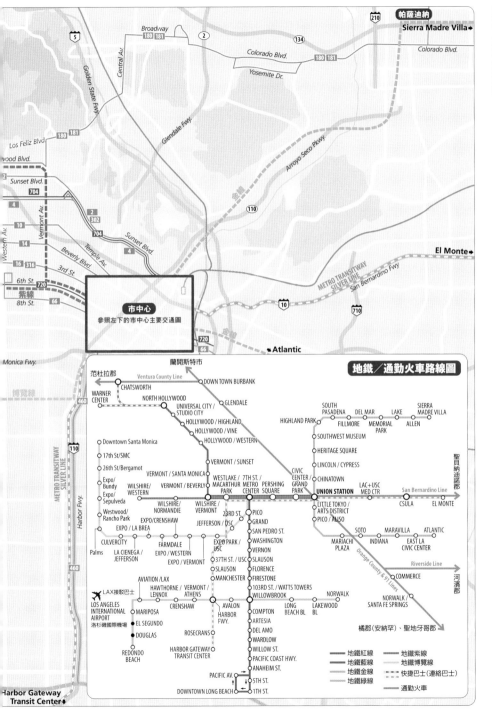

San Francisco

舊金山

從海角堡望出去的金門大橋（→P89）

San Francisco
Area Navi

舊金山 區域導覽

面舊金山灣的濱海城市，也以坡道眾多聞名，能巧遇意想不到的絕美景色也是漫步街頭的醍醐味之一。徒步即可逛遍，若再搭配懷舊復古的叮噹車和便捷巴士就更有效率了。

```
               多為旅客
        漁人碼頭★         ★嬉皮區
接                   ★中國城    美
觸                          食
大   聯合廣場★        購
自                   ★教會區 物
然                         為
              太平洋高地   主
                 ★
               多為SF市民
```

❶ *Pacific Heights*
太平洋高地 MAP 別冊P13A2~B2

飄散出歐洲風情的高級住宅區。街道兩側維多利亞樣式的優美建築物林立，還有許多別具特色的咖啡廳和商店。

CHECK! 太平洋高地的人氣街道

費爾摩街
Fillmore St. MAP 別冊P14B2
逛起來舒適愜意的林蔭道。風格別緻的精品店、咖啡廳比鄰而立，路上的行人也都很時髦→P103
Access>>> MUNI巴士3·22路會沿著費爾摩街行駛

❷ *Haight & Ashbury*
嬉皮區 MAP 別冊P14A4~B4

為反越戰運動的發源地，嬉皮文化的足跡如今依然可見。古著、街頭流行等風格的店家也都超有個性。

CHECK! 嬉皮區的人氣街道

海特街
Haight St. MAP 別冊P14A4~B4
以Haight St.和Ashbury St.的交叉路口為中心，東西向各3~4個街區的範圍內聚集了許多個性店家。每逢週末人潮就絡繹不絕→P102
Access>>> 從市中心搭MUNI巴士6·71路等

❸ *Mission*
教會區 MAP 別冊P15C4

位於市中心的南側，陸續有多家新開店面問世的話題區域。治安不是很好，夜間請盡量避免一人獨行。

CHECK! 教會區的人氣街道

瓦倫西亞街
Valencia St. MAP 別冊P15C4
以16~22th St.一帶為中心，咖啡廳、雜貨屋、選貨店等隨處可見→P100
Access>>> 灣區捷運16TH ST MISSON站或從市中心搭MUNI巴士14路等

要塞區
將原本的軍事設施改規劃成廣大公園，迪士尼家族博物館是必訪景點（→P96）

金門大橋

金門公園
呈東西向細長型的休憩公園。有兩座博物館，很適合愜意漫步其間（→P97）

④ *Fisherman's Wharf*
漁人碼頭 **MAP** 別冊P14B1

以螃蟹招牌為象徵標誌，是舊金山極具特色的觀光區。從39號碼頭到西側一帶商店和餐廳聚集，前往惡魔島（→P95）的渡輪則由33號碼頭進出。

CHECK! ●39號碼頭→P92●海鮮小吃攤→P94

Access>>> MUNI電車F線或叮噹車鮑威爾－梅森街線等

N
0 ─── 1km

舊金山灣

惡魔島

漁人碼頭 ④

中國城
北灘 ⑤

棗樹街
聯合街

太平洋高地 ①

聯合廣場 ⑥

蘇瑪區

婦皮區 ②

海特區

四市場街四市場街

教會區 ③

> **蘇瑪區**
> 位於市場街南側，原本的倉庫街經過再開發計畫後，變身成為話題地區

舊金山郊外

蘇沙利多 Sausalito **MAP** 別冊P13A1
舊金山北側的小漁村，除了搭渡輪外，也可騎自行車前往（→P91）

柏克萊 Berkeley **MAP** 別冊P13B1
加州大學分校所在的流行時尚街區，從舊金山市中心搭灣區捷運只需30分（→P112）

納帕谷 Napa Valley **MAP** 別冊P12A3
加州葡萄酒的主要產地，可到酒莊試喝並選購中意的酒款（→P114）

優勝美地國家公園
Yosemite National Park **MAP** 別冊12B3
位於舊金山東邊約400km遠的國家公園，能欣賞到瀑布、巨岩交織而成的大自然之美（→P116）

納帕谷
蘇沙利多
柏克萊
舊金山
優勝美地
國家公園
395
140
1
99 180
N
0 ─── 100km
5

⑤ *Chinatown/North Beach*
中國城 **MAP** 別冊P15D1～C2

朝氣蓬勃的中國城擁有世界屈指的規模。道地的中國菜餐廳比比皆是，為中午覓食的最佳首選。中國城北側的北灘則以義大利餐廳居多。

CHECK! ●全世界規模最大的中國城→P87

Access>>> 叮噹車加州街線或MUNI巴士30‧45路等

⑥ *Union Square*
聯合廣場 **MAP** 別冊P15C2

廣場四周名牌店、餐廳、高級百貨公司、飯店雲集，為舊金山的中心地。離觀光服務處、叮噹車起訖站都很近，最適合當成觀光的據點。

CHECK! ●叮噹車搭乘處→P84
●聯合廣場→P87

Access>>> 叮噹車鮑威爾－海德街線、鮑威爾－梅森街線或MUNI巴士全線

SF觀光以這裡為起點！

搭叮噹車遊逛

SF著名的叮噹車不僅是代步工具，也是大受歡迎的觀光賣點。
初來乍到舊金山時，就從叮噹車之旅開始吧。

站著搭乘也是
SF的特色

行駛於海德街的叮噹車，漂浮海面上的小島就是惡魔島

叮噹車會在交叉路口的中央停車，此標示牌即代表停靠站

稱為Gripman的駕駛會透過控制桿來操縱叮噹車

Route1
鮑威爾－海德街線

從聯合廣場到漁人碼頭

【 遊逛ROUTE 】

1️⃣ 叮噹車搭乘處
↓ MASON ST & JACKSON ST下車
2️⃣ 叮噹車博物館
↓ HYDE ST & LOMBARD ST下車
3️⃣ 倫巴德街
↓ 步行3分
4️⃣ 海德街
↓ HYDE ST & BEACH ST
↓ 步行3分
5️⃣ 葛拉德禮廣場

搭乘建議

叮噹車搭乘處總是擠滿人潮，最好趁一大早先來搭。鮑威爾－梅森街線也會經過叮噹車博物館。建議購買可不限次數搭乘的MUNI周遊券。
（→P123）

漁人碼頭
N 0 500m
5️⃣ 葛拉德禮廣場
罐頭工廠
3️⃣ 倫巴德街
4️⃣
Saints Peter and Paul Church
海德街
鮑威爾海德街線
叮噹車博物館 2️⃣
梅森街
California St. 加州街線
恩典大教堂
聯合廣場
叮噹車乘車處 1️⃣
Geary St.
鮑威爾梅森街線
Ellis St.
Eddy St.
亞洲美術館
市政府
市政中心
MUNI METRO
MUNI MURI

1️⃣ 叮噹車搭乘處
Cable Car Stop - Powell St & Market St

MAP 別冊P16B4

絕不可錯過人力轉換車頭方向的過程
以鮑威爾－海德街線的搭乘處為街頭漫步的起點。這裡是兩條路線的共同搭乘處，能近距離觀賞如何利用人力將車頭轉換方向。座位也很多，每逢週末等時段總是大排長龍。

DATA ❎MUNI電車、灣區捷運POWELL站步行1分
🕐6時～翌0時30分 ❌無休

\CHECK 轉換車頭方向的流程/

進入迴轉區　　　駛進圓盤後靠人力旋轉調頭

一個人也能操作　　迴轉後再靠人力推動車廂

展示古老車廂和歷史照片

2 叮噹車博物館
Cable Car Museum
MAP 別冊P16A1

纜車系統的管理中樞

展示從19世紀後半的極盛期到現在的纜車歷史及操作方式。不只是博物館，同時也是現役的動力機房，能看到不停運轉中的纜線。

DATA 交叮噹車鮑威爾—梅森街線WASHINGTON ST & MASON ST即到　住1201 Mason St.
☎(415)474-1887　時10～18時（10～3月～17時）
休無休　料免費

纜車的動力室

建立於斜坡上的叮噹車博物館

小小知識 **叮噹車的歷史**

全世界第一部叮噹車於1873年在舊金山亮相，是當時這座坡道眾多的城市最重要的交通工具，極盛時期有多達600台車輛運行。1906年大地震後全面改為電車系統，並且一度面臨停駛的危機。第二次世界大戰後，經過居民投票決議保留，讓叮噹車成了SF的招牌，也已經被列為國定歷史紀念物。

\伴手禮！/

復古叮噹車擺飾品 $5.95

I ♥ SF 磁鐵$5.95

3 倫巴德街
Lombard St.
MAP 別冊P15C1

世界上最彎曲的坡道

從海德街往Leavenworth St.方向的單行道。為知名的觀光景點，週末有時還會塞車。可沿著坡道兩側的步道往下走，再從下方仰望美景。

DATA 交叮噹車鮑威爾—海德街線HYDE ST & LOMBARD ST即到

能見到車子橫越下坡的模樣

走行人專用階梯到坡道底約需3分鐘

4 海德街
Hyde St.
MAP 別冊P15C1

丘陵城市的象徵性風景

海德街是舊金山最具代表的絕景景點。坡道一路往大海延伸，能實際感受丘陵城市的魅力。Chestnut St.一帶的景致更是美得像幅畫。

DATA 交叮噹車鮑威爾—海德街線HYDE ST & CHESTNUT ST即到

請小心來車

拍照的祕訣

將坡道、大海、惡魔島、叮噹車同時入鏡是最基本的取景方式。先確認好構圖，等叮噹車行經後邊注意對向是否有來車邊連續按下快門。冬天的影子較長會影響拍照，因此請把握上午短暫的黃金時間。

5 葛拉德禮廣場
Ghirardelli Square
MAP 別冊P18B2

SF知名的巧克力工廠原址

由熱門伴手禮選項之一的Ghiradelli巧克力工廠原址改裝而成的購物中心。除Ghiradelli巧克力的咖啡廳外，還有餐廳、商店等20多家店舖進駐。

DATA 交叮噹車鮑威爾—海德街線HYDE ST & BEACH ST步行3分　住900 North Point St.
☎(415)775-5500
時視店舖而異　休無休

推薦SPOT

Ghiradelli Chocolate Cafe

可以享用Ghiradelli巧克力和飲品的咖啡廳，分量十足的熱巧克力聖代為招牌甜點。

DATA ☎(415)474-3938　時9～23時（週五、六～24時）休無休

熱巧克力聖代 $9.95

Le Marais Bakery

老字號的法式麵包店。香酥水果派、長棍麵包等產品羅列，其中又以酥皮點心最為熱銷。

DATA ☎(415)775-5500　時8～18時　休無休

酥皮鹹派$3.50～

中國城最熱鬧的葛蘭特大道

於高樓大廈縫隙間的海灣大橋身影

Route2 加州街線 從中國城到聯合廣場

① 渡輪大樓
Ferry Building

⬤ 別冊P17D1

眺望海灣大橋

為往來蘇沙利多（→P91）等景點的渡輪碼頭，也是眺望海灣大橋的絕佳場所。大樓內有許多特色商店，周邊廣場的農夫市場也相當有名。（→P105）

矗立於市場街的起點

DATA 図MUNI電車、灣區捷運EMBARCADERO站步行5分
⼽1 Ferry Building

海灣大橋的點燈超吸睛

check

連結舊金山和奧克蘭的海灣大橋點燈裝飾，於2016年1月再度重現在所有人的眼前。點燈的範圍只從中間的金銀島延伸至舊金山的方向，每到黃昏時分就能欣賞到充滿藝術品味的美麗燈飾。

【 遊逛ROUTE 】

① 渡輪大樓
↓ 步行5分
② 叮噹車搭乘處
↓ CALIFORNIA ST&GRANT AVE下車
③ 中國城
↓ CALIFORNIA ST&TAYLOR ST下車
④ 恩典大教堂
↓ POWELL ST&POST ST下車
⑤ 聯合廣場

遊逛建議

由叮噹車搭乘處一路行駛至鮑威爾街附近都是上坡。從恩典大教堂到聯合廣場則必須利用到加州街線和鮑威爾—梅森街線（或鮑威爾—海德街線）兩條路線，由於是下坡，因此就算徒步也不過15分鐘。

Check聯合廣場周邊！

🍴 Westfield San Francisco Centre

MAP 別冊P16B4

雖然廣場周邊餐廳眾多，用餐方便，但若想更輕鬆解決一餐時，就到美食街吧。前往Westfield San Francisco Centre的地下樓層，就能品嘗到來自世界各地的菜色。

DATA 図MUNI電車、灣區捷運POWELL站步行1分 ⼽865 Market St.
☎(415)512-6776 ⏰10時～20時30分（視季節、星期幾而異）　無休

持續開發中的熱門蘇瑪區（SOMA）

SOMA即South of Market的略稱，也就是市場街的南側地區。以前曾是著名的危險場所，經過近幾年的再開發後，美術館、高級飯店等設施陸續亮相，搖身一變成了充滿活力的矚目焦點。不過夜間有些路段人潮較少，建議搭計程車比較安全。

此區也有大型會議中心，因此到處可見商務人士

2 叮噹車搭乘處

Cable Car Stop -
California St & Market St **MAP** 別冊P17D1

觀光客人潮較少

加州街線的搭乘處在市場街與加州街的轉角，車廂不會180度迴轉而是採折返的方式運行。

DATA 🚇MUNI電車、灣區捷運EMBARCADERO站步行1分
🕐6時～翌0時30分 🈚無休

加州街線的車型是前後皆可當車頭的構造

4 恩典大教堂

Grace Cathedral **MAP** 別冊P16A2

坐落於山丘上的大教堂

前身為19世紀中興建的教堂，後於地震中崩塌。目前的建物是1964年重建的基督教新教教堂，哥德風格的宏偉教堂內部皆有對外開放參觀。

DATA 🚋叮噹車加州街線CALIFORNIA ST & TAYLOR ST即到 📍1100 California St. ☎(415)749-6348 🕐7～18時（週六8時～、週日8～19時） 🈚無休

入口右手邊的祭壇畫出自凱斯哈林之手。他本人致力於遏止愛滋病蔓延的宣傳活動，作品完成後兩星期就因愛滋病而辭世

3 中國城

Chinatown **MAP** 別冊P16B1

規模為全世界最大

行經葛蘭特大道時不妨下車逛逛朝氣蓬勃的中國城，大道兩側掛著中文招牌的店家和餐廳比鄰而立。

車水馬龍的葛蘭特大道

DATA 🚋叮噹車・加州街線CALIFORNIA ST & GRANT AVE即到

推薦SPOT

🍴 House of Dim Sum **MAP** 別冊P16B1

能輕鬆品嘗到餃子、燒賣等必點的點心菜色。也能外帶。

DATA 🚋叮噹車加州街線CALIFORNIA ST & GRANT AVE 步行8分 📍735 Jackson St. ☎(415)399-0888 🕐7～18時 🈚無休

一籠餐點約$2.50上下・相當便宜

🍴 迎賓閣 **MAP** 別冊P16B1

Great Eastern Restaurant

除了單品菜單外，70種以上豐富的點心都很受歡迎的中餐店。

DATA 🚋叮噹車加州街線CALIFORNIA ST & GRANT AVE 步行8分 📍649 Jackson St. ☎(415)986-2500 🕐10～23時（週六、日9時～） 🈚無休

點心一份$3.70～

天井挑高的中殿，舉行儀式時會另行布置

仿巴黎聖母院的教堂正面

5 聯合廣場

Union Square **MAP** 別冊P16B3

高樓環繞的休憩廣場

位於市中心的廣場。周邊盡是名牌店、百貨公司和餐廳，人潮眾多。還有多家飯店林立，為便利的觀光據點。

DATA 🚋叮噹車鮑威爾─海德街線（鮑威爾─梅森街線）POWELL ST&POST ST即到

只涵蓋一個街區的小廣場

廣場中央立有美西戰爭勝利紀念塔

位於西北角的心型裝置藝術

推薦SPOT

Jamba Juice **MAP** 別冊P16B3

起源於加州，選用新鮮水果製作的果昔連鎖店。

DATA 🚋聯合廣場步行3分 📍152 Kearny St. ☎(415)616-9949 🕐6時30分～18時30分（週六9～18時、週日10時30分～17時30分） 🈚無休

口味豐富的果昔 $4.49～

神清氣爽♪暢遊灣區

騎自行車橫越金門大橋

好天氣時最適合來趟自行車之旅。前往舊金山的象徵地標金門大橋與對岸的
濱海漁村蘇沙利多，享受美好的假日時光。

從海角堡望出去的金門大橋

1 漁人碼頭
Fisherman's Wharf

MAP 別冊P14B1~15C1

以漁人碼頭（→P92）的自行車出租店為起點。備有多部變速
城市車，可挑選符合自己體型的車款。最好事先預約比較保
險，若於非旺季期間，當天也租得到。

自行車的租借方式

租車時必須提供護照等身分證明和刷押金用的信用卡。選好車款
後，確認一下剎車、變速器的使用方法。有的店家在營業時間外
也能還車。

規則&禮儀

專用道：車道上靠右側騎乘，
與行人步道共用時遵循自行車
道的標示　安全帽：雖然沒有
強制規定但還是戴上確保自身
安全　陡坡：上坡時若左右搖
晃不穩就下來推車，下坡則要
留意避免速度過快　行李：盡
可能輕便　服裝：最好穿上防
風夾克

Blazing Saddles

MAP 別冊P18B2

DATA 叮噹車鮑威爾—海德街線
HYDE ST & BEACH ST步行1分
2715 Hyde St. (415)326-8442
8~18時（24小
時皆可還車。視季
節、星期幾而異）
無休　1天
$32~（附安全帽）

【 遊逛ROUTE 】

1 漁人碼頭
↓ 約15分
2 梅森堡
↓ 約15分
3 克利斯公園
↓ 約20分
4 Warming Hut
↓ 約10分
5 海角堡
↓ 約10分
6 金門大橋
↓ 約5分
7 觀景角
↓ 約20分
8 蘇沙利多
↓ 約1分
9 蘇沙利多渡輪碼頭
↓ 渡輪（Blue & Gold Fleet）30分
10 41號碼頭

自行車道
航道
N

8 蘇沙利多
9 蘇沙利多渡輪碼頭
7 觀景角
6 金門大橋
惡魔島
5 海角堡
4 Warming Hut
3 克利斯公園
41號碼頭 10
39號碼頭
梅森堡 2
渡輪大樓
要塞區
漁人碼頭 1

梅森堡
Fort Mason
MAP 別冊P18A2

軍事設施的遺跡

沿著海岸線騎首先會看到的公園。前身為倉庫的建物目前有劇場、餐廳等設施入駐。騎上行程中的第一段陡坡即可眺望到遠方的金門大橋身影，頓時讓人精神百倍！

由舊倉庫街的另一端能望見GGB的小小身影

下坡後沿著遊艇港盡量續騎

第一個難關就是這裡，上坡前再確認一次變速器的操作吧

克利斯公園
Crissy Field
MAP 別冊P14A1

沿著沙灘快意馳騁

以前曾是軍用飛行場的綠意公園。有草坪廣場、沙灘等，為當地居民的休憩空間。自行車道和行人步道都很完善，騎起來十分舒適。

全長6.4km的步道

沙灘沿線的自行車道，有些路段並沒有鋪上柏油

CRISSY FIELD
GOLDEN GATE

公園入口。每逢假日就成了熱門的野餐地點

Warming Hut
MAP 別冊P13A2

邊近距離欣賞金門大橋邊小歇片刻

位於克利斯公園西端的休憩點。設有禮品區和咖啡廳，剛好可以休息端口氣。金門大橋看起來就在咫尺，相當有真實感。

金門大橋就在眼前

Warming Hut

商店＆咖啡廳，外頭也擺有桌椅

海角堡
Fort Point
MAP 別冊P13A2

視野絕佳的要塞遺跡

建於19世紀中的要塞遺跡。曾有「西海岸的直布羅陀」之稱，扮演防禦舊金山灣的重要角色。週末內部會開放參觀。

DATA ☎(415)556-1693
時10～17時 休週一～四 金免費

從要塞內部眺望的壯觀景色

大橋正下方的磚造建物

可隔著橋墩遠望對岸

續接
P90→

騎自行車橫越金門大橋 →接續P89

6 橫越金門大橋

這條自行車路線的最大焦點就是金門大橋。從海角堡到大橋入口是一段相當吃力的上坡道，不需過於逞強，維持自己的節奏慢慢騎上去即可。橋上的自行車道十分狹窄，請注意安全。

週末是靠左（西）側騎

平日靠右，週末靠左

金門大橋的中央為車道，兩側是自行車和行人的專用道。由舊金山往北的話，平日請騎右側的自行車和行人共用專用道；到了週末則變成右側是行人專用，左側為自行車專用。

週末時請穿越橋下到橋面的西側

壯觀的橋墩

大橋的入口，需留意左右兩側過來的自行車

橫越前順道一遊！

大橋南端的South Plaza（別冊MAP●P13A2）有路線巴士行經，也是廣受歡迎的觀景點。設有咖啡廳、禮品店，雖然有點繞路，但很值得來逛逛。

從South Plaza看到的金門大橋絕景

金門大橋相架 $24.95

仿造車紀念入場券的風景明信片 $1

金門大橋
Golden Gate Bridge

🅜ＡＰ 別冊P13A2

色彩鮮豔的地標

於1937年5月27日通車啟用的紅色大橋。橫跨在舊金山灣的入口，至1964年前都以全球最長吊橋的稱號而聞名。裝飾藝術風格的美麗身影是最受青睞的取景對象，無論晴天還是處於夢幻迷霧的大橋都美不勝收。

DATA ⬦South Plaza:MUNI巴士28路GOLDEN GATE BR. PARKING LOT即到 📞(415)921-5858
💲行人、自行車免費，通行費的詳細規定請參照下方網站。
🌐goldengate.org/

鋼纜的直徑92.4cm，實體模型在South Plaza展示

Joseph Strauss

約瑟夫・史特勞斯
Joseph Strauss 1870-1938

負責建造金門大橋的首席工程師，曾經設計過許多座吊橋。在諸多專家的協助下，克服了史無前例的橋身長度、急促海流等各式各樣困難後終於完工，但卻於通車的隔年就離開人世。於South Plaza立有紀念雕像。

從數字看金門大橋

主鋼纜：長2332m / 直徑0.92m
吊纜數量：61條

總費用：3500萬美元
交通量：一日約10萬輛

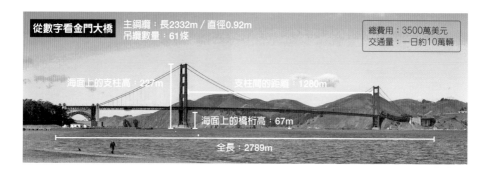

海面上的支柱高：227m
支柱間的距離：1280m
海面上的橋桁高：67m
全長：2789m

7 觀景角
Vista Point　別冊P13A2

可一望大橋與街景

越橋到對岸後馬上映入眼簾的人氣眺望景點。雖然上午是逆光，但能同時欣賞到大橋和舊金山市街。還設有廁所，不妨下車休息片刻。

週末從西側步道過橋後所看到的景象

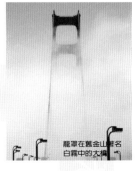

籠罩在舊金山著名白霧中的大橋

Attention!

若週末要去觀景角？

位於大橋右（東）側的觀景角，週末並無法順路前往。不過可以在過橋後抬起自行車走下階梯，穿越橋下就能抵達觀景角。

8 蘇沙利多
Sausalito　別冊P13A1

到濱海漁村繞一圈

舊金山市街對岸的小漁村。渡輪碼頭周邊聚集著商店和餐廳，每到週末就人聲鼎沸。可以利用渡輪碼頭的停車場。

主要幹道的橋路大道

眺望對岸的舊金山市街

在停車場一定要上鎖
到處都是相似的自行車，請牢記自己的停放位置

推薦SPOT

切達起司漢堡$13

🍴 Fast Food Francais　MAP P91

輕鬆品嘗名店滋味

與蘇沙利多的人氣小酒館Le Garage Bistro同一系列，能吃到以法國菜手法呈現的美式餐點。

DATA 🚶渡輪碼頭步行10分　🏠39 Caledonia St.　📞(415)887-9047　🕐11時30分～22時　🈳無休

☆★☆★☆★☆★☆★☆★☆★☆★☆★☆

🍴 Driver's Market　MAP P91

在有機超市享用簡便午餐

提供安心、安全食材的超市，熟食區能買到早點、三明治、沙拉等。

三明治$9～

DATA 🚶渡輪碼頭步行12分　🏠200 Caledonia St.　📞(415)729-9582　🕐8～21時　🈳無休

☆★☆★☆★☆★☆★☆★☆★☆★☆★☆

一球冰淇淋$4.65

🍴 Lappert's Ice Cream　MAP P91

品嘗多彩繽紛冰淇淋

除了五顏六色各種口味的冰淇淋外，熱巧克力聖代$6.15，也很受歡迎。

DATA 🚶渡輪碼頭步行3分　🏠689 Bridgeway　📞(510)231-2340　🕐9時30分～19時（週五六～20時）　🈳無休

Driver's Market　蘇沙利多

Turney St.
蘇沙利多遊艇港　Spinnaker
Fast Food Francais
Gabrielson Park
Harrison Park
Bulkley Ave.
蘇沙利多渡輪碼頭
San Carlos Ave.
Santa Rosa Ave.
Bridgeway
Lappert's Ice Cream
Scoma's
N

9 蘇沙利多渡輪碼頭
Sousalito Ferry Terminal　MAP P91

回程時連同自行車一起搭上渡輪。航班不多，請事先查詢時刻表。最好於出發前15分鐘抵達自行車專用的搭乘處。

回程搭渡輪

在地情報

回程的渡輪，依時段有時選搭金門渡輪往渡輪大樓方向的航班會比較快。詳情請參照🌐goldengateferry.org/

DATA 🏠Sausalito Ferry Terminal　📞(415)705-8200　🕐參照下列網站　🈳無休　💰$11.50（到41號碼頭）　🌐www.blueandgoldfleet.com

10 41號碼頭
Pier41　別冊 P19C1

漁人碼頭&惡魔島

灣區人氣BEST3

漁人碼頭周邊是商店和餐廳雲集的一大觀光地。
人氣景點BEST3更是非去不可。

BEST 1

39號碼頭

Pier 39 　MAP 別冊P19D1

海獅是39號碼頭的大明星

Au Au Au

店家圍繞在木頭地板的露台四周

飄散著海潮香氣的購物中心

開放式購物中心就坐落在延伸至海面的棧橋上。兩層樓建物內有100多家極具特色的商店和餐廳入駐，吸引大批的人潮。

DATA 図MUNI電車F線THE EMBARCADERO & STOCKTON ST步行1分　住Beach St. & The Embarcadero　☎(415)981-7437　時10～21時(視店鋪而異)　休無休

海獅船塢

＼ 必看SPOT ／

Sea Lion Dock 　MAP P92/別冊P19D1

欣賞成群海獅
悠哉打盹的模樣

位於39號碼頭前端附近的海獅天堂。漂浮海面的甲板上有無數的海獅正舒服享受著日光浴，時而下水游泳、時而相互嬉鬧的身影也十分可愛。

DATA 住K-Dock

冬天甚至有近900頭的海獅聚集

旋轉木馬

San Francisco Carousel 　MAP P92/別冊P19D1

夜間點燈也很漂亮

擺放在棧橋前端附近的義大利製旋轉木馬，全部32隻色彩華麗的動物皆出自純手工。夜晚還會點上1800顆LED燈，營造出五顏六色的繽紛美景。

DATA 住1F　時10～21時(視季節而異)　休無休　金$3

上方繪有舊金山的著名地標

灣區水族館

Aquarium of the Bay 　MAP P92/別冊P19D1

震撼力十足的海底隧道

水族館內展示了棲息於舊金山灣的各種生物，其中又以能欣賞鯊魚和魔鬼缸在眼前悠遊的海底隧道最為吸睛。鯊魚餵食秀等表演節目也很有趣。

DATA 住2 Beach St.　☎(415)623-5300　時10～19時(週五、六～20時，視季節而異)　休無休　金$23

頭上是有鯊魚在游泳的海底隧道

0 ―― 50m
舊金山灣
San Francisco Bay

海獅船塢 (K-Dock)

海獅船塢 (K-Dock)

7D Experience (1F)

旋轉木馬 ● ─ Laline (1F)

─ Puppets on The PIER (1F)

● Walk America (2F)

── S.F. City Wear、Shell Cellar (1F)

● Cup & Cake Café (2F)

● Tarasco (2F)

Eagle Cafe (2F)

Boudin Bakery Cafe (1F)

● Hard Rock Cafe (1F)

灣區水族館

←MUNI電車F線
The Embarcadero
●巴士、計程車停車場
Beach St. MUNI電車F線

\ 從灣區稍微走遠一些 /

柯伊特塔
Coit Tower MAP 別冊P15C1

從展望台可俯瞰
舊金山市區

矗立於電報山上，高64m的細長型圓塔，可搭乘復古電梯登上展望台欣賞360度的開闊視野。

DATA ⊠MUNI巴士39路COIT TOWER即到 ⊠1 Telegraph Hill Blvd. ☎(415)249-0995
⊞10～17時 休無休 翼$8

1933年落成

罐頭工廠
The Cannery at Del Monte Square MAP 別冊P18B2

前身為台爾蒙蒙食品的工廠

由水蜜桃罐頭工廠改裝而成的小型購物商場，磚造的建物內集結了餐廳、咖啡廳和酒吧等店家。

DATA ⊠叮噹車鮑威爾─海德街線 HYDE ST & BEACH ST步行3分
⊠2801 Leavenworth St. ☎(415)771-3112
⊞10～23時(視店舖而異) 休無休

可從中庭穿越

 \ 小憩片刻SPOT /

Cup & Cake Café
MAP P92/別冊P19D1

來份可愛的蛋糕
休息一下

顏色豐富的手工製作杯子蛋糕有季節口味等15種類以上，選用illy咖啡豆的飲品選項也很多。

DATA ⊞D-2F ☎(415)795-4064
⊞9～21時(週五、六～22時，視季節而異) 休無休

也設有內用區

杯子蛋糕普通尺寸$3.25～、迷你尺寸$1.95

Boudin Bakery Cafe
MAP P92/別冊P19D1

舊金山最出名的
酸麵包

添加小蘇打粉的傳統酸麵包，口感富嚼勁還帶點酸味。早餐和午餐的餐點樣式都十分多元。

DATA ⊞Q-1F ☎(415)421-0185
⊞8時～21時30分(週五、六～22時) 休無休

創業於1849年的老字號烘焙坊

clam chowder

裝在酸麵包裡的蛤蜊巧達濃湯$9.25

 \ 購物SPOT / SOPE

Walk America
MAP P92/別冊P19D1

人氣鞋款品牌
大集合

鞋類選貨店內網羅了Minnetonka、UGG等在台灣也相當具知名度的鞋款品牌，有些國內沒有引進的款式更是不可錯過。

DATA ⊞F-2F ☎(415)982-7071 ⊞10～21時 休無休

近15個人氣品牌齊聚一堂

Minnetonka
流蘇短靴
$57.95

TOMS懶人鞋
$48

CONVERSE
帆布鞋$55

Laline
MAP P92/別冊P19D1

來自以色列的
美體護理產品

以死海鹽磨砂膏聞名的天然化妝品品牌，以白色為基調的小巧店內陳列著各式身體保養用品、沐浴用品等。

DATA ⊞N-1F ☎(415)397-4119 ⊞10～21時 休無休

有許多對肌膚有益的產品

護手霜
$8.95～
(50mℓ)

身體磨砂膏$29.95 (350mℓ)

灣區人氣BEST3

BEST 2 海鮮小吃攤
Seafood Stand　 別冊P19C1

可少量多樣品嘗各種海鮮

匯集唐金蟹、龍蝦等近10家海鮮小吃攤的攤販區，能輕鬆品嘗水煮、炸物、沙拉等各種新鮮的海鮮餐點。用餐空間不多，基本上都是站著吃。

DATA ㊙MUNI電車F線JEFFERSON ST & TAYLOR ST步行1分　㊙視店鋪而異　㊙無休

位於漁人碼頭的象徵「螃蟹招牌」的旁邊

每家店門口都會掛出大大的菜單方便客人點餐

當場烹調各式各樣的食材

Crab

SEAFOOD

強力推薦!小吃攤美食

HOT

$14.95

水煮唐金蟹
Boiled Dungeness Crab
唐金蟹的盛產期在冬天，店家會將剛煮好的螃蟹剝殼分成適當大小後才端上桌

$11.70～

炸蝦薯條
Shrimp & Chips
小尾炸蝦搭配酥脆炸薯條，雖然燙口，但好吃到不行

$9.29～

蛤蜊巧達濃湯
Clam Chowder in Bread Bowl
將傳統的酸麵包挖空後裝入濃郁的蛤蜊巧達濃湯，分量十足

$10.35～

BOILED ←

→ **FRIED**

炸蝦&炸花枝(兩樣混搭)
Shrimp & Calamari (2 Items Combo)
可從鮮蝦、花枝和其他各種炸物中挑選兩樣，自由搭配自己喜歡的食材

$19～

半隻龍蝦
Harf Lobster
將對切成一半的龍蝦沾點醬，再放入口中享受Q彈好滋味

$8～

RAW

半隻龍蝦&水煮蝦
1/2 Lobster & Boiled Shrimp
半隻龍蝦與水煮小蝦的豪華組合，可依個人喜好淋點檸檬汁或醬料

半殼生蠔
1/2 Shell Oysters
已去除半殼的新鮮生蠔，可將結實彈牙的生蠔佐以大量檸檬汁一起享用

$19.25～

COLD

BEST 3

惡魔島
Alcatraz Island

MAP 別冊P13B2

漂浮在舊金山灣上的監獄遺址

號稱不可能逃獄的聯邦監獄所在地。島內還殘留著監獄及其他附屬設施，目前已規畫成博物館對外開放。能一窺犯人生活模樣的囚房是參觀焦點之一。

惡魔島渡輪
Alcatraz Cruise

DATA 國MUNI電車F線THE EMBARCADERO & BAY ST步行3分 個Pier 33 ☎(415)981-7625 圓8時45分～15時50分(視季節而異) 佔無休 圓$31～
圓www.alcatrazcruises.com

位於離市區2.4km遠的外海上

ACCESS

規定必須參加旅行團的行程才能登上小島。從33號碼頭搭乘惡魔島渡輪15分左右即可抵達，島上的參觀時間大約2.5個小時。只有去程需要事先預約，可到當地的票務處或上述官網預約。

惡魔島的歷史

18世紀被西班牙人發現並命名為La Isla de los Alcatraces，意為「鵜鶘」。19世紀中普做為軍事要塞，歷經軍事監獄的用途後於1934年改成為聯邦監獄，1963年因財政問題而關閉。自1973年由國家公園事務局接手營運後開始對外開放，現在是年間有超過150萬人造訪的一大觀光地。

於聯邦監獄時代曾收容過艾爾·卡彭等多位惡名昭彰的罪犯

典獄長官邸
Warden's House
歷任典獄長的住所，監獄關閉後於1970年因大火燒毀，僅剩下牆面

燈塔
Lighthouse
1909年重建，高約25m的燈塔，如今仍具備指引船隻的功能

練兵所
Parade Ground
小島東側的廣場，目前是野生動物保護區，因此禁止進入

牢房
Cellhouse
可容納600人的牢房，1912年落成當時曾是全世界規模最大的混凝土建築。分為A到D四個區域，兩側皆為井然有序的囚房。

牢房的中央通道名為「百老匯大道」 重現當年囚房內的擺設

郵件投遞站 監獄職員俱樂部
Post Exchange/Officer's Club
最初是用來投遞郵件的場所，聯邦監獄時期則成了提供職員使用的休閒交誼廳

陸軍教堂
Military Chapel

船塢
Dock

1854年完工的船塢，從33號碼頭過來的渡輪也是在這裡上下船。正面的建築物是以前的陸軍兵舍

監視塔
Guard Tower
聯邦監獄時期的小島周圍共設有六座監視塔，目前只剩下一座

衛兵室與突擊口
Guardhouse & Sally Port

建於1857年軍事要塞時代的島內最古老建物，曾為抵禦敵軍進攻的第一道防線

1920年建造的將校單身宿舍，由於外觀設計的緣故而有教堂之稱

充滿學術氣息的假日時光

到博物館來趟藝術漫遊

博物館就散落在市內近郊佔地遼闊的公園內。
不妨稍微走遠一些，享受整日倘佯在藝術的世界中。

迪士尼家族博物館
The Walt Disney Family Museum
MAP 別冊P14A1 **區域** 要塞

一窺孕育無限夢想的迪士尼歷史

展示創造出米老鼠的華特迪士尼生涯所有作品的博物館。除了他本人所描繪的原稿和家族照片外，還穿插著動畫角色的誕生歷史與背景等相關解說，重新認識身兼創作者和實業家的華特個人魅力。

DATA 由市中心或金門大橋搭PresidiGo接駁巴士
PRESIDIO TRANSIT CENTRE下車步行3分
🏠104 Montgomery St. 📞(415)345-6800
🕐10～18時 休週二 💰$20(含語音導覽)
🌐www.waltdisney.org

位於園區一隅的建物原本是軍事設施

華特迪士尼是誰？
1901年生於芝加哥，19歲製作出第一部動畫作品。1923年與哥哥羅伊在洛杉磯成立動畫公司，之後發表了多部動畫電影，並成功打造出迪士尼樂園。1966年過世。

館內的焦點

總共分成10個展間，從華特的年幼時期到晚年依年代順序展示，
收藏了許多珍貴的照片和影片等資料。

Gallery2 好萊塢時代
展示1923～28年以動畫師身份活躍於好萊塢時的相關資料，世界第一部有聲動畫片《汽船威利號》的手稿及米奇最初的原稿更是不可錯過。

最初創作的米奇原稿

好萊塢時代的照片展示

Gallery5 陸續誕生的名作
於首部賣座長篇動畫電影《白雪公主與七個小矮人》後，又推出了《小鹿斑比》、《木偶奇遇記》等作品。除了展示當時的影片和原稿外，還有業界首創的多平面攝影機的照片。

製作《木偶奇遇記》的動畫師工作桌

介紹1940年前後的名作誕生背景

Gallery9 華特晚年的事業發展
展示1950年代之後15年間的亮眼成績。迪士尼主題樂園盛大開幕、真人動畫作品《歡樂滿人間》獲頒奧斯卡獎等，晚年的華特依舊活躍於各個領域中。

利用空間感呈現近未來風格的展示

華特親手打造的蒸汽火車LILLY BELLE，原本置於自宅周邊的軌道上運行

Check伴手禮！
參觀路線的最後設有商店，販售各式各樣與迪士尼有關的商品。

以1930年代設計初稿製成的米奇玩偶$24.95

華特的生涯導覽手冊$19.95

加州科學院
California Academy of Sciences

MAP 別冊P14A4
區域 里奇蒙德

以環保博物館受到矚目

匯集水族館、熱帶雨林溫室、天文館等設施的大型展館，也以運用高科技的生態建築而廣為人知。備有各式各樣的主題活動，最好預留3小時左右的參觀時間。

DATA 🚃MUNI巴士39路FULTON ST & 8TH AVE步行7分 🏠55 Music Concourse Dr. 📞(415)379-8000 🕐9時30分～17時(週日11時～) 🈺無休 💲$34.95 🌐www.calacademy.org

館內中央的玻璃巨蛋就是熱帶雨林館

水族館內能見到五顏六色的熱帶魚自在悠遊

Experience of the earthquake
可於地震展示區體驗1907年的大地震

屋頂上的茂密植被被名為「生態綠屋頂」，由倫佐·皮亞諾所設計

迪揚博物館
DeYoung Museum

MAP 別冊P14A4
區域 里奇蒙德

集結了大量的美國藝術品

網羅1670年代以後的美國藝術品，以及世界各國的現代藝術和紡織品等25000多件作品。陳列喬治亞·歐姬芙等二十世紀美國藝術品的展示區更是參觀重點。

DATA 🚃MUNI巴士39路FULTON ST & 8TH AVE步行5分 🏠50 Hagiwara Tea Garden 📞(415)750-3600 🕐9時30分～17時15分(4～11月的週五～20時45分) 🈺週一 💲$10 🌐deyoung.famsf.org

也有豐富的美國原住民藝術

入口的周邊有雕刻擺飾

周圍景致優美的咖啡廳也備有義大利麵等餐點

視野絕佳的9樓展望室

Unique Design!

出自瑞士建築師赫爾佐格和德梅隆的獨特設計

榮耀宮美術館
Legion of Honor

MAP 別冊P13A3
區域 里奇蒙德

歐洲藝術的殿堂

收藏法國等歐洲各國的藝術作品，羅丹的雕刻與印象派的作品也很多。坐落於林肯公園的高台上，可將金門大橋的美景盡收眼底。

仿巴黎的榮譽軍團勳章博物館打造而成的壯麗建築物

DATA 🚃MUNI巴士18路LEGION OF HONOR步行1分 🏠100 34th Ave. 📞(415)750-3600 🕐9時30分～17時15分 🈺週一 💲$10 🌐legionofhonor.famsf.org

Beautiful!

展示約250件14～20世紀的歐洲繪畫

採光明亮的雕刻展示室

As to DeYoung Museum & Legion of Honor photos, ©Fine Arts Museums of San Francisco

097

應有盡有滿足任何需求♪

選購SF品牌

若想買誕生於SF的品牌就去逛逛當地的旗艦店。
商品種類齊全，一定能找到自己中意的款式。

流行時尚

$68

$98

西部牛仔
襯衫

$58

Levi's
Revel系列

501™牛仔短褲

牆面上擺滿著牛仔褲

戶外用品

$89

防風外套

$99

後背包

擁有三個樓層的大型店面

\BRANDHISTORY/

【創始人】
李維·史特勞斯
Levi Strauss

1853年成立Levi Strauss & Co.公司。一開始是以帆布製作堅固耐磨的工作褲，1873年運用鉚釘提高耐用性後推出第一條牛仔褲。之後則陸續有501系列等各種經典款式上市，目前於創業發跡地設有Levi's博物館。

1829-1902。出生於德國的猶太裔移民，1847年全家搬至紐約，1853年在舊金山創業。取得將金屬鉚釘縫在褲子上的專利，打造出牛仔褲的原型。

\BRANDHISTORY/

【創始人】
道格拉斯·湯普金斯
Douglas Tompkins

1968年於柏克萊創業。在標示出最低使用溫度的高品質睡袋熱銷後，又推出了全世界第一個圓頂帳篷。經過數次極地遠征證明了產品的性能，一躍成為背包旅行的必備品牌。

1943-2015。出生於俄亥俄州，一生致力於環境保育。也曾參與南美巴塔哥尼亞高原的遠征活動等，是一位相當活躍的登山家和冒險家。1990年代後移居至智利，積極從事各式各樣的環保活動。

Levi's Store

MAP 別冊P16B4
區域 聯合廣場

2013年秋天盛大開幕

牛仔褲代名詞Levi's的起源地即舊金山。原本位於聯合廣場旁的店面已遷移至市街街，購物也變得方便許多。整面牆上掛滿了代表牛仔褲歷史的各系列產品，以款式齊全為最大賣點。

DATA ☒MUNI巴士全線、灣區捷運POWELL站步行1分
☎815 Market St ☎(415)501-0100
⊘9～21時（週日10～20時）
無休

這裡也要 **Levi's博物館**
Check! **MAP** 別冊P15D1

The North Face

MAP 別冊P16B3
區域 聯合廣場

耐用又時尚的戶外用品

深受全世界登山家和冒險家信賴的戶外用品品牌。產品兼具高度機能性與時尚感，一般場合也很適用。旗艦店共有三個樓層，一樓是女性用品、3樓為男性用品，顏色和尺寸都很齊全。

DATA ☒聯合廣場步行3分 ☎180 Post St.
☎(415)433-3223 ⊘9～20時（週四～六8～19時）
無休

這裡也要 **The North Face Outlet**
Check! **MAP** 別冊P18A3

聚焦SF的在地產品

以LOHAS城市著稱的舊金山，不僅食品業，連其他產業也開始導入「地產地消」的模式。2010年設立的非營利組織「SF MADE」也是其中之一，透過購買當地製作的產品來帶動當地產業的活化。起初只有12家公司參與，但如今會員已成長至400多家的規模，約佔了舊金山全部製造業者的八成左右。若於店家門口看到這張貼紙，就代表是在SF周邊製造的產品，逛街時不妨稍微注意一下。

廚房用品

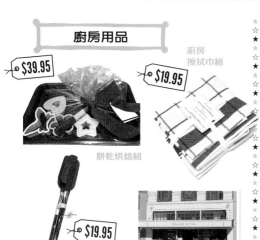

$39.95

$19.95

廚房擦拭巾組

餅乾烘焙組

$19.95

迷你矽膠刮刀組

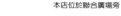

本店位於聯合廣場旁

\ BRANDHISTORY /

1956年於索諾馬創業。從販售法國進口的廚房用品做起，之後慢慢開發出自己的產品。1958年將據點轉移至舊金山，並成功打入超購市場。目前在全世界有超過250家的店舖。

【創業者】
查克·威廉斯
Chuck Williams

1915-2015。出生於佛羅里達州，跟著祖母學做料理。1947年移居索諾馬縣並購入五金行，成立了Williams Sonoma。為著名的料理研究家，有多本著書。

Williams Sonoma

📍 別冊P16B3
區域 聯合廣場

連名流也愛的高級廚房用品

廣受知名主廚、名人青睞的廚房用品專賣店。本店擁有挑高的四層樓賣場空間，色彩繽紛又具機能性的商品琳瑯滿目。各式各樣的品牌齊聚一堂，也很適合來選購伴手禮。

DATA 🚇聯合廣場即到 🏠340 Post St.
📞(415)362-9450 🕐9~21時(週五~22時，週六、日8~22時)
🈚無休

這裡也要
Check!

栗樹街分店
📍 別冊P14B1

廚房餐具

各式餐碗$64～，也可零買

$24～

也有花瓶之類的家飾品

猶如選貨店般的展示間，還附設Blue Bottle Coffee (→P111)

\ BRANDHISTORY /

1948年於蘇沙利多創業。以低溫燒製而成的陶器堅固又帶獨特韻味，相當受到歡迎。創業初始的工廠目前仍持續生產運作中，還與Chez Panisse Restaurant and Cafe (→P108)合作開發餐具以及涉足磁磚商品等領域。

【創業者】
伊蒂絲·希斯
Edith Heath

1911-2005。生於愛荷華州，父母為丹麥移民。在芝加哥學習陶藝，結婚後搬至舊金山。歷經美術老師等工作後成為知名的陶藝家，並成立陶器品牌Heath Ceramics。

Heath Ceramics

📍 別冊P20B3
區域 教會區

兼具質樸與流行元素的陶器

充滿手作韻味與時尚配色風格的人氣陶器老店。本店位於蘇沙利多，但在舊金山市內又開了一家結合工廠與展示間的店面。除了大量自家製品外，也販售其他品牌的廚房雜貨。

DATA 🚇MUNI巴士27路BRYANT ST & 18TH ST站步行2分
🏠2900 18th St. 📞(415)361-5552
🕐10~18時(週五~19時，週日11時～) 🈚無休

這裡也要
Check!

渡輪大樓市場(→P104)
📍 別冊P17D1

從古著到美妝品
到特色商店街享受購物樂

舊金山的街區存在著各式各樣不同的面貌。
以下精選出三條能大肆採購的特色商店街。

特色商店街❶ MAP 別冊P20A2~4

Valencia St.
瓦倫西亞街

in Mission

新店陸陸續續開
張的熱門街區

街頭漫步POINT 🚶

Valencia St.就位於近幾年廣受注目的教會
區中心位置。教會區呈南北細長形，如有充
分的時間，不妨從16th St.附近往南徒步遊
逛。搭灣區捷運的話可利用16TH ST
MISSION站，搭MUNI巴士則利用行經教會
街的14路最方便。

瓦倫西亞街是教會區最熱鬧的大街

街上可見五顏六色的壁畫

📷 都勒公園
Mission Dolores Park
MAP P101A2/別冊P20A3

能俯瞰市街的公園

設有草坪廣場、網球場、遊樂場的市民休憩好去
處，週末總吸引許多人潮來公園度過自在愜意的時
光。名字是取自北側相隔兩個街區的都勒教堂。

DATA 🚇灣區捷運16TH ST MISSION站步行10分
🏠19th & Dolores St.

墨西哥都勒市教堂
鐘的複製品

從草坪的另一
端能望見市區
的高樓大廈群

🛍 Bi-Rite
MAP P101A1/別冊P20A3

LOHAS商品琳瑯滿目

超市內有有機食材等LOHAS商品種類豐富，從生鮮
食品到加工品都是產自舊金山近郊。雖然是家小
店，但每一開店就有許多認同其理念的顧客上
門。

DATA 🚇灣區捷運16TH
ST MISSION站步行8
分 🏠3639 18th
St. 📞(415)241-9760
🕐9~21時 🈚無休

擺滿著新鮮的有機蔬菜

混合7種香辛
料的印度香料
茶$13.99

FROM ITALY

義大利產巴薩
米克醋250ml
$13.99

有機豆蔻
$2.99

詢問度超高的
Sightglass
Coffee $9.99

Gravel & Gold

MAP P101A2／別冊P20A4

形形色色的自然風雜貨

網羅機能與美感兼備的手作商品商店。除了包包、襯衫等原創品項外，還有直接向生產者採購而來的生活雜貨。

DATA 灣區捷運16TH ST MISSION站步行15分
3266 21St St. (415)552-0112 12～19時（週日～17時）無休

當地藝術家的手作小包$54

對漆酚過敏有效的加州產Poison Oak Mud $12

★☆★☆★☆★☆★☆★☆★☆★☆★☆★

The Scarlet Sage
MAP 別冊P20A4

選用優質香草製造

匯集400多種有機香草的健康美容商店，香草茶和芳香精油都很有人氣。

有獨自的香草進貨管道

DATA 灣區捷運16TH ST MISSION站步行15分 1193 Valencia St. (415)821-0997 11時～18時30分 無休

添加羊奶的天然香草皂$4.95

可以抑制花粉症等過敏症狀的特製茶$8.95

精華露＋精油$12.95

★☆★☆★☆★☆★☆★☆★☆★☆★☆★

Mission Cheese
MAP P101A1／別冊P20A3

以美國產乳酪為大宗

店內備有近70種乳酪，與葡萄酒、肉醬、臘腸都很合搭。也提供三明治$10～之類的餐點。

DATA 灣區捷運16TH ST MISSION站步行10分
736 Valencia St. (415)553-8667
11～21時（週五、六～22時）週一

乳酪陳列在吧檯後方的展示櫃內

3種口味的乳酪拼盤$13～

這裡也要Check！

雙子峰
Twin Peaks
MAP 別冊P13A3

SF屈指可數的眺望景點

從教會區西側海拔276m和277m的兩座山丘上，可將坡道眾多的舊金山市街盡收眼底。市中心方向則以午後的順光時段拍起來最漂亮。

Nice Location

DATA MUNI巴士37路PARKRIDGE DR & BURNETT AVE步行10分（或從MUNI電車CASTRO站搭計程車10分）

都勒公園

瓦倫西亞街

特色商店街❷ MAP 別冊P14A4
Haight St.
海特街

街頭漫步POINT 🚶

反越戰運動的起源地，依然能感受嬉皮文化氣息的地區。以海特街和Ashbury St.的交叉路口為中心，約橫跨四個街區，古著店、嬉皮式迷幻風格的店家比鄰而立。從市中心過來可搭6路、71路巴士。

🛍 True
MAP P102B1

最潮的街頭流行

以原創T恤為主的街頭流行精選商品。男女款式皆有，也有推出後背包之類的合作商品。

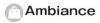
原創T恤$26

DATA 🚌MUNI巴士6·71路 MASONIC AVE & HAIGHT ST步行1分 🏠1415 Haight St. 📞(415)626-2882 🕐11～19時 🗓無休

🛍 Decades of Fashion
MAP P102A1

1920年代的品項十分熱門

細長形建築物的入口在海特街上

粉絲必朝聖的古著寶庫

1880年代到1980年代左右的古著一應俱全。衣服、包包、飾品等依年代和類型分區陳列，逛起來一目瞭然。

DATA 🚌MUNI巴士6·71路MASONIC AVE & HAIGHT ST步行5分 🏠1653 Haight St. 📞(415)551-1653 🕐11～19時 🗓無休

🛍 Ambiance
MAP P102B1

舊金山最具代表性的選貨店

當季款式的上架速度很快，深受對流行時尚敏感的年輕人喜愛。從服飾到包包等小物應有盡有，能變化出各種場合的穿搭。

洋裝$120

Seychelles的淺口無帶鞋$95

DATA 🚌MUNI巴士6·71路 MASONIC & HAIGHT ST步行2分 🏠1458 Haight St. 📞(415)552-5095 🕐10～19時（週日11時～，視季節而異）🗓無休

☕ Peoples Cafe
MAP P102B1

迷迭香胡椒烤半雞$13.50

炸地瓜條$5.50

超大分量的用餐好去處

從早餐到晚餐都有供應，也很適合當成小歇片刻的場所。除了分量滿點的基本款咖啡餐點外，道地的越南菜也很受歡迎。

DATA 🚌MUNI巴士6·71路MASONIC AVE & HAIGHT ST步行1分 🏠1419 Haight St. 📞(415)553-8842 🕐10～20時 🗓無休

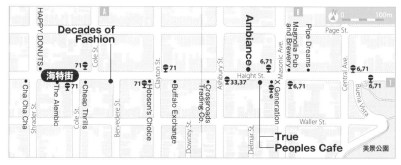

特色商店街❸ MAP 別冊P14B2

Fillmore St.
費爾摩街

Fillmore Street

街頭漫步POINT 🚶

位於高級住宅區附近，有許多高品味、風格典雅的店家。Sutter St.與Washington St.之間商店雲集，由北往南為平緩的下坡道，所以建議從Washington St.一帶開始逛會比較輕鬆。22路巴士每個街區都會停靠。

👜 Cotelac
MAP P103A2

源自法國的女性服飾品牌

成立於1991年。Raphaëlle Cavalli善於利用材質觸感的設計極具獨特風格，沉穩成人氣圍的商品選項眾多。

DATA 🚌MUNI巴士22路FILLMORE ST & PINE ST步行1分 🏠1930 Fillmore St. 📞(415)351-0200 🕙10～19時(週日11～18時) 🈳無休

無袖上衣 $245

包包 $425

👜 Zinc Details
MAP P103A2

來自全世界的時尚雜貨

從廚房用品、文具到大型家具都有，網羅各領域機能性商品的選貨店。可愛的擺設陳列也很吸睛。

DATA 🚌MUNI巴士22路FILLMORE ST & PINE ST步行2分 🏠1905 Fillmore St. 📞(415)776-2100 🕙10～18時(週日12時～) 🈳無休

色彩繽紛的商品妝點了整個店內的氣氛

牙籤瓶各 $89

香水$160 (50㎖)

如酒吧氣氛的店內香水瓶羅列

👜 Le Labo
MAP P103A1

製作專屬自己的香水

由兩位創作者所成立的香水店，能實際看到將個別保存的精油與酒精調配製成新鮮香水的過程。

DATA 🚌MUNI巴士22路FILLMORE ST & PINE ST步行4分 🏠2238 Fillmore St. 📞(415)931-3212 🕙11～19時(週日～18時) 🈳無休

😊 Smitten Ice Cream
MAP P103A1

精彩的現場表演

使用液態氮將牛奶製成的冰淇淋很受歡迎。點餐後才會在客人面前現做，可以觀察冰淇淋慢慢成形的樣子。

口味豐富的冰淇淋$5～

DATA 🚌MUNI巴士22路FILLMORE ST & PINE ST步行3分 🏠2404 California St. 📞(415)872-9414 🕙12～22時(週五～22時30分、週六11時30分～22時30分、週日11時30分～) 🈳無休

這裡也要Check！

📍 阿拉莫廣場
Alamo Square
MAP 別冊P14B3

美麗的維多利亞風格住宅

位於費爾摩街南側高台上的廣場。周圍維多利亞風格的建築物林立，後方的背景則是市中心的高樓大廈群。廣場中央附近是最佳的眺望點。

DATA 🚌MUNI巴士21路HAYES ST& PIERCE ST即到

Clay St. / ↑Washington St.
Ten-Ichi • / Via Veneto •
Cielo • / 星巴克 •
L'OCCITANE • / • Le Labo
1,3,22 / • La Mediterranee
Sacramento St.
Peet's Coffee & Tea / 3,22 / • Jurlique / • 9
費爾摩街
• Fresca
California St.
Tacobar / 1BX
Mio, Inc. • / • The Grove
Fillmore St. / Orben Pl.
MAC Cosmetics • / 3,22
Pine St.
3,22
Paper Source •
Florio Bar & Café • / • Cotelac
Wilmot St.
Zinc Details • / ↓Sutter St.
Bush St.
N 0 50m

美味＆健康大集合！

到渡輪大樓尋找伴手禮

不愧是LOHAS之城舊金山，連農夫市場內的食材也盡是具健康意識的產品，
是挑選美食伴手禮的最佳去處。

渡輪大樓
Ferry Building　**MAP** 別冊P17D1　**區域** 北灘

琳瑯滿目的LOHAS產品

該建築物是本區的著名地標，為前往蘇沙利多等地的渡輪
起訖站。大樓內聚集了許多販售LOHAS產品的店家，每週
三次的農夫市場也很有人氣。

DATA 🚋MUNI電車、灣區捷運EMBARCADERO站步行5分
📍1 Ferry Building

想逛室內市場的話…　每日開市

渡輪大樓市場廣場
Ferry Building Market Place　**MAP** 別冊P17D1

LOHAS產品常設市場

渡輪大樓搖身一變成了購物中心。通道兩側有食
品、雜貨、咖啡廳等近50家店鋪並排而立，猶如
常設市場般。就算不是農夫市場的營業日也能逛
得盡興。

DATA 📞(415)983-8030　🕐視店鋪而異　📅無休

\ 推薦SPOT /

The Gardener

廚房雜貨種類豐富

販售以天然素材製成的廚房用具、
園藝用品等，每樣商品都相當具機
能性，而且對人體、環境友善無
害。

DATA 🏠Shop #26　📞(415)981-8181
🕐10〜19時（週六8〜18時、週日〜17
時）　📅無休

拼木砧板 $43

薰衣草天然皂 $11

★☆★☆★☆★☆★☆★☆★☆★☆★☆★

16顆盒裝 $45

Recchiuti Confections

不可錯過限定口味

香醇馥郁的巧克力專賣店。除
了24款基本口味外，還會推出
季節限定口味。盒裝的外觀也
很適合當伴手禮送人。

DATA 🏠Shop #30
📞(415)834-9494　🕐10〜19時
（週六8〜18時、週日〜17時）
📅無休

蘋果薄片裹上巧克力的KLA $23

還有還有！

Acme Bread Company →P113
Sur La Table（雜貨）
Heath Ceramics →P99
Farm Fresh To You（食品）
Blue Bottle Coffee →P111
Hog Island Oyster Company →P106

其他農夫市場

\ 週三、日開市 /

市中心農夫市場
Heart of the City Farmers' Market **MAP** 別冊P15C3 **區域** 市政中心

位於市政府附近的小規模市場，而且與渡輪廣場農夫市場的營業日並無撞期。

DATA ⊠MUNI巴士、灣區捷運CIVIC CENTER站步行2分 ⊞United Nation Plaza ☎(415)558-9455 ⊟週三7時～17時30分、週日10～17時） ㊡週一、二、四～六

\ 週三開市 /

卡斯楚農夫市場
Castro Farmers' Market **MAP** 別冊P14B4 **區域** 教會區

只有週三傍晚才營業，是可一窺當地人真實生活樣貌的平民市場。可搭MUNI電車前往。

DATA ⊠MUNI電車F線MARKET ST & NOE ST即到 ⊞Noe St. at Market St. ☎(925)825-9090 ⊟週三16～20時 ㊡週四～二

想逛室外市場的話…

渡輪廣場農夫市場
Ferry Plaza Farmers Market **MAP** 別冊P17D1

週二、四、六開市

交通便利的人氣市場

設置在渡輪大樓周邊的露天市場。不僅有採收自鄰近地區的有機蔬菜和加工品，還有許多可邊走邊吃的美食小吃。每週營業三天，週六的人潮最多。

DATA ☎(415)291-3276 ⊟週二、四10～14時，週六8～14時 ㊡週一、三、五、日

有好多SF周邊的美食喔

滿滿的當令蔬菜

美食小吃攤每到中午時分就大排長龍

也有販售薰衣草等香料植物的店家

有香料、乾燥食品等眾多品質講究的自製產品

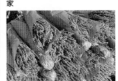

\ 邊走邊吃！ /

莓果蕎麥可麗餅 $6

開心果奶油酥餅$4

鮭魚開放式三明治$12～

Hotdog!

100%牛肉餡的熱狗堡 $6

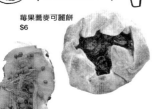

\ 伴手禮！ /

Marshall's Farm的小熊瓶蜂蜜12oz 各$12～

2oz的迷你小熊瓶各$4

蜂蜜依風味和容量有多種選擇，8oz $12～

Bariani的早採收特級初榨橄欖油 $28

Bariani的松露橄欖油250ml瓶裝$22

Blue Bottle Coffee的咖啡豆 $10.50～

製作橄欖油漬番茄的配料$3.50

大啖海鮮美味

必吃！海鮮餐廳

來到港灣城市舊金山絕對不能錯過海鮮。若想品嘗唐金蟹、龍蝦等新鮮魚貝類，
就到有口皆碑的海鮮名店吧。

Hog Island Oyster Company

 別冊P17D1　　　　區域 北灘

享用生蠔的首選店家

隨時備有6種左右的加州產生蠔，提供
生吃、燒烤等多樣生蠔餐點。設有飲料
吧和生蠔吧，搭配雞尾酒也很對味。

DATA 🚋MUNI電車、灣區捷運EMBARCADERO
站步行5分 🏠1 Ferry Building 📞(415)391-
7117 🕐11時30分〜20時（週六日11〜18時）
🚫無休

蛤蜊巧達濃湯$14也很有人氣

從露天座能一望海灣大橋

正動作熟練地撬開生蠔硬殼的工作人員　生蠔1打約$30〜

Anchor & Hope

 別冊P17C3　　區域 蘇瑪區

利用倉庫打造而成的寬敞空間

位於蘇瑪區，風格休閒的海鮮店。前身為倉
庫的店內面積寬敞，價位親民，因此可隨心
所欲地大飽口福。

DATA 🚋MUNI電車、灣區捷運MONTGOMERY ST站
步行5分 🏠83 Minna St. 📞(415)501-9100
🕐11時30分〜14時、16時30分〜22時（週五〜23時，
週六17時30分〜23時、週日17時30分〜） 🚫無休

嫩煎干貝與淡菜$27

鮭魚主餐約$27上下

杯子蛋糕$5〜

沒有隔間的超大空間

SF的招牌菜色

所有海鮮中最具SF特色的就屬蛤蜊巧達濃湯和唐金蟹。從海鮮小吃攤到每家餐廳都是必備菜單，可以多試幾家，比較一下口味。

『這裡吃得到!』
海鮮小吃攤→P94
Boudin Bakery Cafe→P93

蛤蜊巧達濃湯
將Q彈口感又帶酸味的酸麵包挖空後倒入濃湯，即道地SF的吃法。

唐金蟹
與梭子蟹類似，產季從11月中旬到隔年6月，為該時節的SF必吃美食。

Waterbar

 別冊P15D2
區域 蘇瑪區

於開放式空間品嘗海鮮

能吃到各地新鮮海味經巧手烹調後的創意菜色。置有兩座柱狀水槽的挑高店內極具開放感，可於沉穩氛圍中享受用餐時光。也設有輕鬆自在的吧檯座。

DATA ⊠MUNI電車N·T線FOLSOM站步行1分 ⊞399 The Embarcadero ☎(415)284-9922 ᠑11時30分～22時(週日一～21時30分) ᠑無休

調味簡單的前菜$18～

整片玻璃窗營造出空間的開闊感

位於海灣大橋旁

佐以岩鹽的長鰭鮪生魚片$18

Scoma's

別冊P18B1
區域 漁人碼頭

佇立於碼頭的獨棟式餐廳

位於漁人碼頭木棧橋中段位置的老店。菜色豐富，能享用以各種烹調手法處理的海鮮美味。不僅吸引觀光客上門，連當地人也經常光顧。

DATA ⊠MUNI電車F線JEFFERSON ST & TAYLOR ST站步行3分 ⊞Pier 47 on Al Scoma Way ☎(415)766-0293 ᠑11時30分～22時(週五、六～22時30分) ᠑無休

加了滿滿鮮蝦和唐金蟹肉的沙拉$35

各式海鮮應有盡有！

若猶豫不知要點什麼就詢問工作人員吧

人氣菜色嫩煎海鮮$40

由於是熱門名店，最好事先預約

健康＆漂亮從內做起

簡樸洗練！加州菜

具高度健康意識的舊金山，養生飲食蔚為風潮。
以下介紹4家食材講究、簡單烹調就很美味的加州菜。

2樓的Cafe在午間和晚間時段皆提供單點，1樓的Restaurant只有每天更換菜色的晚間套餐

開店前已忙碌不堪的廚房。能在這家店工作對廚師而言是無上的榮譽

「Cafe」的午間菜單一例

烤雞肉配炸洋蔥圈和綠花椰
$26

簡單燒烤的雞肉口感濃郁鮮甜，非常美味

醃漬甜菜和白花椰沙拉
$21

檸檬醋酸味明顯的清爽沙拉

蘋果莓果蕎麥可麗餅佐香草冰淇淋$12

爽口甜味與香草風味的絕妙搭配

「Restaurant」的晚間菜單

Restaurant的菜單每天只有一種，週一$75、週二～四$100、週五、六$125。下列以某個週日的餐點為例：
·開胃酒
·香草豬肉法式凍派佐水芹和醃紅蘿蔔
·百里香奶油風味烤蘑菇韭蔥
·烤羊小排拌酸豆橄欖醬和朝鮮薊
·蘋果蕎麥可麗餅佐蘋果白蘭地冰淇淋

請細細品嘗舊金山的食材美味

位於餐廳雲集的夏塔克街上

MAP 別冊P19C3　區域 柏克萊

Chez Panisse Restaurant and Cafe

加州菜的創始店

1971年主廚出身的Alice Waters創業開店。堅持使用有機和健康食材的餐點迅速傳出口碑，不僅成為加州菜的開路先鋒，也在全世界都享譽盛名。也是一家超難預約的名店，不過既然都來到舊金山，當然得朝聖一下。

DATA 灣區捷運DOWNTOWN BERKELEY站步行15分　1517 Shattuck Ave. Berkeley　Cafe(510)548-5049　Restaurant(510)548-5525　Cafe：11時30分～14時45分、17時～22時30分(週五、六～15時、～23時)　Restaurant：18時～和20時30分～兩輪　週日

艾莉絲·華特斯
Alice Waters

Chez Panisse Restaurant and Cafe的主廚兼作家。提倡「地產地銷」的概念，並落實在自己開設的全球首家有機餐廳。在全美掀起了「美食革命」，並以加州菜的創始者廣為人知。以主廚的身分獲頒過許多獎項，還出版了多本闡述料理哲學的著作。

預約方法

電話預約的機率較高，或是利用大型餐廳預約網站OpenTable。可透過下列Chez Panisse Restaurant and Cafe的官網點入OpenTable的連結，輸入日期時間和信用卡卡號碼，就能完成預約。
www.chezpanisse.com/reservations/

被譽為有機餐點聖經的食譜集《Art of Simple Food》第一本＆第二本。餐廳內均有售，各$35

Greens

 別冊P18A2
區域 漁人碼頭

品嘗蔬菜原本的味道

舊金山素食＆有機餐廳的領頭羊。店內選用的食材均購自當地的契約農家，分量紮實，超乎一般蔬菜餐點給人的印象。即使非素食主義者也能吃得開心。

DATA ⊠MUNI巴士30路CHESTNUT ST & LAGUNA ST步行10分
⊞Fort Mason, Building A ☎(415)771-6222
⊞11時45分～14時30分、17時30分～21時（週六11時～、週日10時30分～、週一17時30分～）休無休 ⴲ

位於面海的位置，從大片玻璃窗望出去可遠眺到金門大橋

Spring Sampler $17.50
充滿春天風味的前菜一例。會視食材來決定餐點內容，因此菜色幾乎每天都不一樣。主餐約$25～

自1985年以來任職行政主廚的Annie Somerville

⭐☆

Bar Tartine

P101A1／別冊P20A3
區域 教會區

孕育舊金山美食的搖籃

結合引領舊金山潮流的咖啡廳Tartine Bakery與加州菜的人氣餐廳，以農家直送的有機食材烹調的精緻菜色廣受歡迎。

DATA ⊠灣區捷運16TH ST MISSION站步行5分
⊞561 Valencia St. ☎(415)487-1600
⊞17時30分～22時（週五、六～22時30分，週六、日另增加11～14時的午間時段）休週一～三

放上地中海烏魚子的生牛肉吐司

加了大量芥藍菜的切碎沙拉

午餐時段只有週末才有營業

⭐☆

Foreign Cinema

 別冊P20B4
區域 教會區

邊欣賞電影邊用餐

外觀看起來並不像餐廳，在輕鬆享用有機晚餐的同時還能觀看電影。早午餐也很吸引人，有使用索諾瑪產雞蛋製成的法國吐司$14等多樣餐點。

DATA ⊠MUNI巴士14路MISSION ST & 21TH ST步行5分
⊞2534 Mission St.
☎(415)648-7600
⊞晚餐:17時30分～22時（週四～六～23時），早午餐:週六日11時～14時30分
休無休

挑高天井和木質餐桌椅的室內座位區，後方是生蠔吧

荷包蛋佐巴薩米克醋$17
與切片火腿及蒜香馬鈴薯一起享用

白芝麻烤雞$22

從老舖到新店家
到咖啡廳 & 酒吧小憩片刻

想休息一下或想吃點東西時，最方便的就是咖啡廳&酒吧了。
以下精選4家連在地居民也愛光顧的人氣店家。

超讚的早午餐

白脫牛奶鬆餅$10.50搭配季節莓果$2.95，再淋上滿滿的糖漿和自製果醬享用

美味可口的麵包♪

放上大量水果的布里歐麵包布丁$4

細長型的店內有整排桌椅，總是一開店就客滿

新鮮現榨的柳橙汁，小杯$3.75

有許多忠實的本地常客

肉桂捲$3.95

Mama's on Washington Square

MAP 別冊P15C1
區域 北灘

吸引排隊人潮的美式早餐

提供歐姆蛋、鬆餅等分量十足的早餐和早午餐。受歡迎程度之高，即便平日也在開店前就已經大排長龍。現榨的鮮果汁也很好喝。

DATA MUNI巴士30·45·8X路COLUMBUS AVE & UNION ST步行2分 1701 Stockton St. (415)362-6421 8~15時 週一

Tartine Bakery

MAP P101A1／別冊P20A3
區域 教會區

有機麵包相當熱賣

位於教會區的麵包咖啡廳。推出使用有機食材製作的麵包，還可搭配飲品一起享用。一早就開店營業，是外出吃早餐時的最佳選擇。

DATA 灣區捷運16TH ST MISSION站步行6分 600 Guerrero St. (415)487-2600 7時30分~19時（週一~8時~，週四、五~20時，週六8~20時，週日9~20時）無休

店員Patty
歐姆蛋和法國吐司也很好吃喔

Have Fun!
咖啡師Rita

推薦點用碗裝盛的大分量拿鐵

第三波咖啡

第一波是19世紀後半盛行的輕烘焙美式咖啡，第二波是1970年代以後西雅圖崛起的各咖啡連鎖店，第三波則以追求單一咖啡豆本身風味的手沖咖啡為特徵。以下4家是舊金山最有人氣的咖啡廳。

MAP 別冊P17D1
區域 北灘

Blue Bottle Coffee

DATA ✕MUNI電車、灣區捷運EMBARCADERO站步行5分 ⌂1 Ferry Building, Shop #7 ☎無 ◷7〜19時（週日8〜17時）休無休

MAP 別冊P20A2
區域 教會區

Four Barrel Coffee

DATA ✕灣區捷運16TH ST MISSION站步行3分 ⌂375 Valencia St. ☎(415)252-0800 ◷7〜20時 休無休

MAP P101A2／別冊P20A4
區域 教會區

Ritual Coffee Roasters

DATA ✕灣區捷運24TH ST MISSION站步行7分 ⌂1026 Valencia St. ☎(415)865-0989 ◷7〜19時 休無休

MAP 別冊P15C3
區域 蘇瑪區

Sight glass Coffee

DATA ✕MUNI電車、灣區捷運CIVIC CENTER站步行10分 ⌂270 7th St. ☎(415)861-1313 ◷7〜19時（週日8時〜）休無休

> 起源於愛爾蘭

加了威士忌的愛爾蘭咖啡$10，關鍵在於要慢慢注入發泡鮮奶油

店內隨時都座無虛席

也有供餐，唐金蟹班乃迪克蛋$18.50

Buena Vista Cafe

MAP 別冊P18B2
區域 漁人碼頭

絕對值得一試的原創風味

將添加奶油的愛爾蘭咖啡引進美國的創始店。如今依然遵循當時的配方製作，吸引許多人為了品嘗這份原創風味而慕名前來。

DATA ✕叮噹車纜索線—海德街線HYDE ST & BEACH ST站步行1分 ⌂2765 Hyde St. ☎(415)474-5044 ◷9時〜翌2時（週六、日8時〜）休無休

酒保Paul

量多的時候一天要做3000杯呢

> 波希米亞式的氣氛

連白天也光線昏暗的店內。整面牆掛有畫作裝飾，營造出獨特的空間感

若想享受悠閒時光建議選擇2樓座位

加了白蘭地和杏仁酒的波希米亞咖啡$7.50，雞尾酒的選項也很多

Vesuvio Café

MAP 別冊P15C2
區域 北灘

瀰漫著1950年代的氣息

曾經是披頭族運動活動據點之一的咖啡酒吧。古老的家具擺設、裝飾在牆面上的海報等，都還保留著1950年代的氛圍。沒有提供餐點，但午間時段可攜帶外食內用。

DATA ✕MUNI巴士10路BROADWAY & COLUMBUS AVE步行2分 ⌂255 Columbus Ave. ☎(415)362-3370 ◷8時〜翌2時（週六、日6時〜）休無休

以圖畫和文字彩繪而成的外牆也很有味道

何謂披頭族？

1950年代後半到60年代活躍於美國文學界，由一群自行放棄、脫離物質富裕生活的人士所發起的非主流文化。受到年輕族群的支持，最後演變成了嬉皮文化。其中的代表作家有傑克‧凱魯亞克、艾倫‧金斯堡等人。

離舊金山30分鐘車程的生態城

漫步時尚流行的柏克萊

Berkeley

MAP 別冊P18A4

柏克萊校區隸屬於名門加州大學的系統，是一座充滿自由氣息的先進城市。
不妨花點時間從舊金山過來，感受一下有著強烈環保意識的街區樣貌。

let's walk

\ ACCESS /

灣區捷運POWELL ST站往RICHMOND方向
約30分，DOWNTOWN BERKELEY站或
NORTH BERKELEY站下車。

街頭漫步POINT 🚶

若要前往店家聚集的4th St.，可從灣區捷運
NORTH BERKELEY站步行25分左右。或是從
DOWNTOWN BERKELEY站搭行經
University Ave.的AC Transit巴士 51B線，於
UNIVERSITY AVE at 4TH ST下車，約需15
分、$2.10。

🚠 Convert

MAP P113A1/別冊P18A4

雖為環保商品卻很有品味

選貨店內網羅了兼具環保概念又設計精美的
服飾和雜貨，包包、皮帶之類的流行配件也
很多。

DATA ⊠AC Transit巴士51B線UNIVERSITY AVE at
4TH ST步行7分 ⊞1809B 4th St. ☎(510)649-
9759 ⊞10～19時（週日11～18時） 休無休

琳瑯滿目的商品

色彩鮮豔
的毛織托
特包$225

T恤$32

有機嬰兒T恤$25

有機連身
衣$39

潤彩、枕頭套等寢具用品
也都是有機

🛍 Earthsake

MAP P113A1/別冊P18A4

有機寢具業界的先驅

從床墊類寢具到有機棉花的亞麻布製品、襯
衫等商品豐富多元，還有各式各樣天然的身
體護理用品。

DATA ⊠AC Transit巴士51B線UNIVERSITY AVE at
4TH ST步行10分 ⊞1772 4th St. ☎(510)559-
8440 ⊞10～19時（週日11～18時） 休無休

🚠 Nest

MAP P113A1/別冊P18A4

形形色色的創意雜貨

收集世界各地的文具、廚房用品、飾品等雜
貨的選貨店，是挑選禮物和伴手禮的最佳選
擇。

DATA ⊠AC Transit巴士51B線UNIVERSITY AVE at
4TH ST步行7分 ⊞1815 4th St. ☎(510)981-9858
⊞10～19時（週日11～18時） 休無休

店內瀰漫著異國氣氛

喀什米爾的小
收納盒$36～

Maileg的猴子
布偶各$42

這裡也要Check！

加州大學柏克萊分校
University of California, Berkeley

MAP 別冊P19D4

灣區捷運DOWNTOWN BERKELEY站東側的廣大腹地，就是加州大學柏克萊分校的所在地。簡稱為UCB或CAL，是世界首屈一指的名門大學。目前有超過35000名的在籍學生，腹地內還有美術館、博物館、植物園等設施散落其間，也都對外開放參觀。商店內售有以吉祥物Oski小熊為設計主題的商品，也很適合買來當伴手禮送人。

矗立於校園中央的薩勒塔

吉祥物Oski小熊$14
大學T恤$22

CAL Student Store

MAP 別冊P19D4

DATA 図灣區捷運DOWNTOWN BERKELEY站步行15分 值2470 Bancroft Way ☎(510)845-1226 時8時30分～18時(視星期幾而異) 休無休

☕ Peet's Coffee & Tea

MAP P113A1/別冊P18A4

深度烘焙咖啡的先驅

1966年創設於柏克萊，以加州為中心拓展版圖的大型咖啡連鎖店。星巴克的創始人也曾光顧過的1號店如今依然還在（別冊MAP●P19C3）。

DATA 図AC Transit巴士51B線UNIVERSITY AVE at 4TH ST步行5分 值1776 4th St. ☎(510)525-3207 時6～19時(週五、六～20時，週日7～20時) 休無休

4th St.分店，咖啡$2～

🛍 Acme Bread Company

MAP 別冊P18B3

舊金山極具人氣的有機＆天然酵母麵包

食材講究的灣區知名麵包店，常可以見到店內擠滿人潮選購剛出爐的麵包。渡輪大樓內也有分店（→P104）。

DATA 図AC Transit巴士51B線UNIVERSITY AVE at 4TH ST步行20分 值1601 San Pablo Ave. ☎(510)524-1327 時8～18時(週日8時30分～15時) 休無休

蘋果塔$4、鄉村麵包卷$1等

12顆禮盒裝$22，也可單買1顆$1.75

🛍 Chocolatier Blue Parlor

MAP P113A1/別冊P18A4

如寶石般的巧克力

店內陳列著紅色、綠色等五彩繽紛的巧克力，也有冰淇淋$3.50～、熱巧克力$3.50～等品項。

DATA 図AC Transit巴士51B線UNIVERSITY AVE at 4TH ST步行7分 值1809 4th St. ☎(510)665-9500 時11～20時(週五～日～20時) 休無休

位於稍微僻靜角落的店家

🛍 Title Nine

MAP P113A2/別冊P18A4

舒適度絕佳的運動品牌

掌握女性的肢體動作特性並追求舒適觸感的高品質運動休閒品牌，設計款式和顏色、種類都很豐富。

DATA 図AC Transit巴士51B線UNIVERSITY AVE at 4TH ST步行3分 值2037 4th St. ☎(510)526-1972 時10～18時(週日11～17時) 休無休

運動內衣、泳衣兩用$49(上)、運動裙$74(下)

灣區捷運NORTH BARKLEY站
灣區捷運NORTH BARKLEY站

4th St.

Virginia St.
MULHOLLAND BROTHERS
Earthsake
● Crate & Barrel Outlet
Café Rouge
Sur La Table
Jeffrey's Toys
Peet's Coffee & Tea
Chocolatier Blue Parlor
Convert
Zut!
The Gardener
Aveda Store
● **Nest**
Benefit Cosmetics
● Anthropologie's
Paper Source
MAC Cosmetics
Spenger's Fresh Fish Grotto
🚌51B,802
51B, 802
51B
🚌51B,802
🚌51B
Hearst Ave.
University Ave.
51B,802 BERKELEY AMTRAK
Title Nine ●
Addison St.
N 0 100m

品味加州葡萄酒

納帕谷酒莊巡禮 MAP 別冊P12A3
Napa Valley

納帕谷為加州葡萄酒的產地之一。有許多提供試飲和參觀的酒莊，
還能選購自己中意的酒款。從舊金山可當天來回享受一日遊。

造訪酒莊時能看到貯藏的酒桶

一望無際的葡萄園

可挑選喜愛的酒款買回家

加州葡萄酒基礎知識

大多為單一葡萄品種，葡萄的種類即葡萄酒的種類。白酒的主要品種有Chardonnay、Sauvignon Blanc，紅酒有Pinot Noir、Cabernet Sauvignon、Merlot等，10～11月為收穫季節。

《 ACCESS 》

●開車自駕
位於SF的東北80km處，若想一次造訪多個酒莊，開車會比較方便。車程約需1小時30分。
●參加旅行團
參加從SF出發的旅行團或利用納帕谷品酒列車（下列）的一日行程，即可有效率地遊覽酒莊。

酒莊巡禮的注意事項

●未滿21歲禁止飲酒，21歲以上者必須攜帶能夠證明年齡資料的護照（影印不可）等身分證件。
●血液中酒精濃度超過0.08%就算酒後駕車，會被處以罰則。即便酒精濃度沒有超標，也會導致判斷力下降，因此駕駛絕對嚴禁飲酒。
●若想欣賞葡萄園遍布的風景，8～11月是最佳季節。由於遊客眾多，參觀酒莊前最好事先預約。

【 從SF當日來回的經典路線 】

8:30 從SF開車出發
↓ 所需時間1小時30分
10:30 搭乘Napa Vally Wine Train
↓ 所需4小時
15:00 參觀酒莊
↓ 參觀1～2間&試喝
16:30 離開Napa Vally
↓ 所需時間1小時30分
18:00 抵達SF

還有這樣的行程

納帕谷品酒列車
Napa Valley Wine Train MAP P115A2

在葡萄酒列車上
度過優雅的午餐時光

往返納帕市中心與聖海倫娜之間的人氣葡萄酒列車，能享受車窗外的美麗風景及道地的加州料理。車廂內設有試飲吧，可以試喝多款葡萄酒。除了供應午晚時段的套餐外，還有結合參觀酒莊行程的方案，相當推薦給第一次來納帕的遊客。

DATA 列車的起站為Napa Vally Wine Train站，若事先預約也可搭配利用渡輪或灣區捷運和接駁車（付費） 1275 McKinstry St. Napa
(707) 253-2111 午餐10時30分、晚餐17時30分 無休 $129～ winetrain.com

彷彿穿梭在葡萄園中

Napa Valley Wine Train

改裝自1915～1917年古老車廂的美食列車很有懷舊氛圍

品嘗在車廂內廚房現場烹調的正宗加州菜

推薦可以提供試飲的酒莊

V.Sattui
MAP P115A1

推薦葡萄酒

選購夢幻葡萄酒
1885年創業的老店。雖然以平價葡萄酒居多,但並無在市面上流通,所以有夢幻葡萄酒之稱。還附設熟食店和乳酪店。

DATA 納帕市中心車程25分
1111 White Ln., St.Helena
(707) 963-7774
無休 試飲$15～

Napa Valley Sauvignon Blanc 2014年$25

Preston Vineyard Cabernet Sauvignon 2012年$65

還規劃了寬敞的野餐區

Domaine Chandon
MAP P115A2

推薦葡萄酒

品質卓越的氣泡葡萄酒
由生產Dom Pérignon著名的Moët et Chandon公司於納帕所開設的酒莊,以香檳酒方式製作的氣泡葡萄酒相當出色。

DATA 納帕市中心車程15分
1 California Dt., Yountville
(888) 242-6366
無休 試飲$20～

Rose $24、Brut Reserve $35

下午時段人潮眾多的人氣酒莊

Robert Mondavi
MAP P115A1

推薦葡萄酒

納帕葡萄酒的領頭羊
納帕最具代表性的酒莊,在國內的知名度也很高。除眾多參觀行程外,也會舉辦各式活動,還設有頂級葡萄酒的專用試飲間。

DATA 納帕市中心車程15分
7801 St.Helena Hwy., Oakville (707) 226-1395
10～17時
無休 觀光團$20～

教堂般外觀的建物

Cabernet Sauvignon Reserve 2012年$155

I Block Fumé Blanc 2011年$90

推薦葡萄酒

Unfiltered Cabernet Sauvignon 2013年$66

Newton Vineyard
MAP P115A1

高台上的絕景酒莊
1977年創業。堅持使用保育性農法,從小型葡萄園採收葡萄後,經過發酵釀製成上等的葡萄酒。也是第一家生產無過濾葡萄酒的酒莊。

DATA 納帕市中心車程30分
2555 Madrona Ave., St. Helena (707) 963-9000
10時30分～15時的試飲行程與旅行團皆需預約
冬天的週二三
試飲$30、旅行團$50～

Unfiltered Chardonnay 2013年$60

坐落於視野遼闊的高台上

Beringer Vineyards
MAP P115A1

推薦葡萄酒

納帕當地歷史最悠久的酒莊
1876年創業,經常在葡萄酒雜誌等評比中被列為最高等級。如歐洲古堡般的石造建築物,也散發出歷史的韻味。

DATA 納帕市中心車程30分
2000 Main St., St. Helena (707) 963-8989
10～18時(冬天～17時)
無休 試飲$25～

1884年建造的Rhine House

Private Reserve Chardonnay 2013年$46

Private Reserve Cabernet Sauvignon 2012年$165

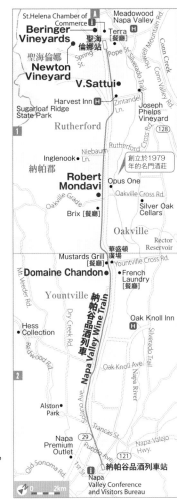

St.Helena Chamber of Commerce
Meadowood Napa Valley
Beringer Vineyards
聖海倫娜站 Terra [餐廳]
聖海倫娜 Newton Vineyard
V.Sattui
Harvest Inn
Sugarloaf Ridge State Park
Joseph Phelps Vineyard
Rutherford
Inglenook
Niebaum Ln.
納帕郡
創立於1979年的名門酒莊
Robert Mondavi
Opus One
Brix [餐廳]
Oakville Grade
Silver Oak Cellars
Oakville
Rector Reservoir
華盛頓廣場
Mustards Grill [餐廳]
Oakville Cross Rd.
Yountville Cross Rd.
Domaine Chandon
French Laundry [餐廳]
Yountville 納帕谷品酒列車 Napa Valley Wine Train
Hess Collection
Oak Knoll Inn
Alston Park
Napa Premium Outlet
納帕谷品酒列車站
Napa Valley Conference and Visitors Bureau
0 2km

從舊金山開車4小時
瀑布與綠意交織的優勝美地國家公園

位於舊金山東邊400km處，已登錄為世界遺產的優勝美地國家公園，
是能近距離欣賞無數瀑布、陡峭斷崖等大自然鬼斧神工的人氣景點。

【從SF出發的兩天一夜經典路線】

7:00 從SF出發 `1day`
↓ 免費巴士＋Amtrak＋YARTS
13:20 抵達優勝美地溪谷
↓ 優勝美地溪谷內遊逛
傍晚 前往飯店 優勝美地溪谷住一晚

上午 參加旅行團 `2day`
↓ 健行等活動
15:50 從優勝美地溪谷出發
↓ YARTS＋Amtrak＋免費巴士
傍晚 抵達SF

優勝美地國家公園
Yosemite National Park
MAP 別冊P12B3

西海岸數一數二的自然景點

擁有3000km²遼闊面積的優勝美地，是年間超過400萬人次造訪、蘊藏豐沛自然資源的國家公園。景觀壯麗的公園內有酋長岩、半圓頂等著名景點散落其間，可選擇健行或騎自行車的方式享受沿途風光。以優勝美地溪谷為中心據點，設有住宿設施、商店、觀光服務處等。

DATA 開24小時 休無休 金一輛車$20，步行、自行車一人$10，7日內有效 URL www.nps.gov/yose

ACCESS

●車：至優勝美地的出入口莫塞德MERCED為止約200km，從莫塞德到優勝美地溪谷還有180km，全部車程約4～5小時。
●鐵路＋巴士：可利用美國國鐵Amtrak和巴士前往。先從舊金山搭Amtrak免費接駁巴士到愛莫利維爾EMERYVILLE約30分，再搭Amtrak到莫塞德約3小時，一天4班。接著轉乘YARTS巴士約30分，優勝美地溪谷內的主要景點都有停靠站。包含YARTS車資，到優勝美地溪谷的費用單程$36～。YARTS車票可與Amtrak車票一起購買。
Amtrak www.amtrak.com/

優勝美地的形成過程

溪谷兩側的斷崖峭壁景觀是出自莫塞德河與冰河的移動。原本因莫塞德河侵蝕形成了1000m深的溪谷，之後冰河移動在谷底形成巨大的U形谷。冰河期結束後谷底變成湖泊，泥砂逐漸堆積。後來因地形變化，湖水四處漫流，露出平坦的部分，也就是現在看到的模樣。

國家公園的規則＆禮儀

不碰觸動植物、不丟棄垃圾等都是最基本的禮儀，遇到動物時也嚴禁過度靠近或餵食。

為避免傷害植物請勿踏入步道以外的場所

＼優勝美地國家公園的遊樂方式／

① 夏天是最佳季節

園內一年四季都有不一樣的樣貌，但以戶外活動眾多的7～9月最為適合。5～6月因融雪瀑布水量大增，能欣賞到迫力十足的景觀。冬天由於積雪，所以行動上會有諸多限制。

② 確認攜帶物和服裝

由於日照強烈，必須備妥太陽眼鏡、帽子等做好預防紫外線的對策。此外早晚偏涼，即便是夏天也需要帶上長袖衣物。未免天候劇變，也最好準備雨衣或摺傘等雨具。若想觀察動植物或欣賞貼在高聳岩壁上的攀岩好手，帶副高倍率望遠鏡會很方便。

③ 到遊客中心收集資訊

園內景點介紹、戶外活動訊息均可在遊客中心取得。除了各種地圖和資訊一應俱全外，也提供住宿預約服務。尤其是計畫要健行的人，出發前請先來一趟索取地圖等資料和相關資訊。

優勝美地遊客中心
Yosemite Valley Visitor Center P119A2

DATA ⬛Yosemite Village Loop 📞(209)372-0299 🕐9～17時(冬季時可能變更) 休無休

④ 利用免費的接駁車

有好幾條路線的接駁車全年無休，園內的主要景點每隔10～20分運行（冬天間隔30分）。無法以接駁巴士抵達的場所則建議參加旅行團，Yosemite Valley Lodge等處皆可報名。

⑤ 步道的漫遊方式

園內規劃了無數條步道，各需費時30分～8小時不等。健行時必須攜帶雨具、充足的飲水，並且留意切勿走到步道外的範圍。簡易的步道地圖可到遊客中心索取。

⑥ 園內也可住宿

園內備有飯店、小木屋和露營場地等。6～9月的旺季期間遊客如織，決定好行程後請盡早預約。

若要入住優勝美地

The Yosemite Valley Lodge MAP P119A2

最方便的觀光據點

位於優勝美地瀑布的附近，是園內容納人數最多的住宿設施。群樹環繞間有多棟小木屋，也設有旅遊櫃台、美食區和商店。

DATA 📞(801)559-4884
金$219～ 226室

★☆★☆★☆★☆★☆★☆★☆★☆★☆★☆★☆★

The Majestic Yosemite Hotel MAP P119A2

園內最高級的飯店

2016年改裝的老字號飯店，擁有接待歷任總統和各方著名人士的悠久傳統。優雅的建築風格加上無微不至的服務，提供最舒適的下榻時光。

DATA 📞(801)559-4884
金$470～ 123室

世界各地攀岩好手最憧憬的獨立巨岩

必看1

必看2

落差189m，被風吹起的水霧顯得相當美麗

優勝美地國家公園必看景點

 新娘面紗瀑布
Bridalveil Fall
MAP P119A1

充滿飄逸美感的人氣瀑布

從斷崖垂落而下的纖細秀麗瀑布，因隨風揚起的水霧飄長宛如新娘面紗般而有此名稱。以水量較多的春天到初夏時節最美。

重點 Check! 園內很多地方都看得到新娘面紗瀑布，但從Southside Drive可以欣賞到正面景致。

 酋長岩
El Capitan
MAP P119A1

由冰河切鑿而成的巨石

高度超過1000m的全世界最大花崗岩巨型獨石。為攀岩好手最嚮往挑戰的岩壁，可以見到山壁上如米粒般大小的攀岩者身影。

重點 Check! 要以肉眼發現攀岩者並不容易，若有攜帶高倍率望遠鏡就很方便。

 半圓頂
Half Dome
MAP P119A1

親眼見證大自然的力量

巨大岩塊被冰河削鑿成一半的獨特景觀，設有步道可一路上到海拔2695m的山頂。從哨兵橋能眺望到最美的景色。

重點 Check! 通往山頂的步道有人數限制，必須事前申請。詳情請參閱官網。

 優勝美地瀑布
Yosemite Falls
MAP P119A1

落差739m的壯觀瀑布

分三段傾瀉而下，氣勢雄壯的瀑布。從近景到遠景，依角度不同，呈現出的樣貌也就各式各樣。最推薦水量充沛的春天到初夏時節。

重點 Check! 步道的起點在Yosemite Vally Lodge，走到三段瀑布的最下方來回約30～40分。

 冰河點
Glacier Point
MAP P119A2

從斷崖展望台俯瞰溪谷

位於優勝美地溪谷南側的展望景點。可一望半圓頂和優勝美地瀑布，以及腳底細細蜿蜒的莫塞德河。參加旅行團即可輕鬆造訪。

重點 Check! 旅行團巴士的起訖站在Yosemite Vally Lodge。一天3班，約需4小時，來回$41、單程$25。

 隧道觀景點
Tunnel View
MAP P119A1

優勝美地最具代表性的景觀

能欣賞到深邃溪谷與兩側高聳峭壁的優勝美地著名風景，也因是攝影師安塞爾．亞當斯最愛的取景場所而聞名。

重點 Check! 可將半圓頂、新娘面紗瀑布、酋長岩等名景盡收眼底。

必看3

山頭被削成一半的特殊景觀

必看4

不同場所就能欣賞到不一樣的面貌

必看5

可以環視四周群山的絕景

必看6

能飽覽優勝美地特有的地形全貌

優勝美地小小知識

能在公園內相遇的動物們

園內有超過400種以上的動物棲息，健行途中常可見到松鼠和野鹿的蹤跡，黑尾鹿等多種動物也都已經被確認是優勝美地的固有種。當中也有熊、土狼之類的凶暴動物，因此切勿距離太近。

公園內到處都是可愛的松鼠

高度落差名列世界級的瀑布

落差排名全世界前十大的瀑布中，優勝美地就囊括了兩名。其中之一是第5名的優勝美地瀑布，落差739m；另一個是第7名的哨兵瀑布，落差610m。此外，緞帶瀑布的落差為491m、新娘面紗瀑布189m、內華達瀑布181m，春天瀑布97m。

優勝美地全域圖

● Camp Mather
120
■ Big Oak Flat
観光服務處
Big Oak Flat Entrance
優勝美地瀑布
緞帶瀑布
酋長岩
隧道觀景點
Arch Rock Entrance
140
莫塞德
El Portal
Yosemite West

H White Wolf Lodge
Tioga Rd.
五月湖 May Lake
Yosemite Creek
North Dome
下
哨兵瀑布
新娘面紗瀑布
優勝美地溪谷

圖奧勒米草原 i 觀光服務處
Tioga Rd.
Tioga Rd.
Olmsted Point
Tuolumne Meadows Lodge
天神匹河 Tenaya Creek
半圓頂

Tamarack Flat

瓦沃納&瑪利波薩樹林
41 i 瓦沃納觀光服務處
Wawona ⌂
H Big Trees Lodge
South Entrance
Fish Camp
瑪利波薩樹林

N 0 — 10km

優勝美地中心圖

i 優勝美地遊客中心
Ansel Adams Gallery[書籍、民藝品]
Yosemite Village
Village Store[食品、雜貨]
Northside Dr.
H The Majesti Yosemite Hotel
Upper River
哨兵橋
Housekeeping Camp
梅塞德河
Southside Dr.
Half Dom Village H P
⌂ North Pines
Lower Pines
Upper Pines
H Yosemite Valley Lodge
冰河點 ●
Happy Isles Nature Center

N 0 — 500m

飯店

飯店最集中的地方就是去哪裡都很方便的聯合廣場周邊，漁人碼頭也是很受歡迎的住宿場所之一。另外還有改裝自古老建物的飯店，能感受古典的空間風格。

聯合廣場　**MAP** 別冊P16B2

舊金山麗思卡爾頓酒店
The Ritz-Carlton San Francisco

裝飾著希臘神殿列柱的華美石造高級飯店

無論客房還是咖啡廳、餐廳等空間都有如一幅幅優雅的畫作，營造出成人品味的交誼廳氛圍。可在大廳聆聽豎琴與鋼琴的現場演奏邊享受茶點時光，從客房還能眺望海灣大橋和市中心的風光。8～9樓備有專屬的禮賓櫃台，是可以享用午餐、酒精類飲料等服務的貴賓樓層。

↑選用沉穩色調的客房
→如希臘神殿般的壯麗外觀相當吸睛

DATA
🚇MUNI電車全線、灣區捷運POWELL ST & PINE ST站步行2分
🏠600 Stockton St.　📞(415)296-7465
💰Ⓢ$499～ Ⓣ$499～　336室

漁人碼頭　**MAP** 別冊P19C2

漁人碼頭喜來登酒店
Sheraton Fisherman's Wharf Hotel

以港灣為設計主題的飯店

以港灣為主題的飯店很吸引人目光，離39號碼頭走路也不過5分鐘，非常方便。還設有如同大廳延伸版的戶外客廳，可以坐下來喝飲料或用餐。

DATA
🚇叮噹車鮑威爾─海德街線
POWELL ST & BEACH ST步行10分　🏠2500 Mason St.　📞(415)362-5500　💰Ⓢ$159～ Ⓣ$179～　531室

聯合廣場　**MAP** 別冊P16B3

舊金山聯合廣場威斯汀聖弗蘭西斯酒店
The Westin St. Francis

各國政商名流和VIP的御用飯店

創業於1904年的歷史悠久飯店，歷任總統和國賓都經常入住。大廳的裝潢極其豪華，讓人彷彿置身於維多利亞時代。客房內備有舒適好眠的羽絨寢具，能度過愜意的美好時光。

DATA
🚇MUNI電車全線、灣區捷運POWELL站步行5分
🏠335 Powell St.　📞(415)397-7000
💰Ⓢ$413～ Ⓣ$425～　1254室

聯合廣場　**MAP** 別冊P16A3

漢德利聯合廣場酒店
The Handlery Union Square Hotel

能感受如居家般的氛圍

屬於歐洲風格的小型飯店，在以大型連鎖飯店為主的聯合廣場相當罕見。1908年創業，於2003年曾重新整修裝潢。

DATA
🚇MUNI電車全線、灣區捷運POWELL站步行5分
🏠351 Greary St.　📞(415)781-7800
💰Ⓢ$209～ Ⓣ$209～　377室

聯合廣場　**MAP** 別冊P16A4

舊金山聯合廣場希爾頓酒店
Hilton San Francisco Union Square

餐廳的充實度有口皆碑

由三棟建築物所組成的大型住宿設施。離叮噹車搭乘處僅3分鐘路程，聯合廣場也在附近，為相當方便的觀光據點。飯店內的餐廳十分受到好評。

DATA
🚇MUNI電車全線、灣區捷運POWELL站步行6分　🏠333 O'Farrell St.　📞(415)771-1400
💰Ⓢ$229～ Ⓣ$229～　1900室

聯合廣場　**MAP** 別冊P16A3

多納泰洛酒店
The Donatello

擁有視野絕佳的酒吧

頂樓的「Club 1500」是飯店最自豪的酒吧。以白色為基調的客房氣氛明亮又整潔，浴袍、吹風機、熨斗等備品也都一應俱全。

DATA
🚇叮噹車鮑威爾─海德街線
POWELL ST & POST ST步行3分
🏠501 Post St.　📞(415)441-7100
💰Ⓢ$236～ Ⓣ$236～　94室

聯合廣場　**MAP** 別冊P16A4

舊金山日航酒店
Hotel Nikko San Francisco

設備齊全的日系飯店

坐落於聯合廣場兩個街區外的便利位置。客房內有最新式的床具，衛浴設備也很新穎，住起來舒適宜人。工作人員都很友善。

DATA
🚇MUNI電車全線、灣區捷運POWELL站步行3分
🏠222 Mason St.　📞(415)394-1111
💰Ⓢ$199～　533室

 🏠餐廳　有泳池　有健身房

聯合廣場 MAP 別冊P16B3
舊金山君悅酒店
Grand Hyatt San Francisco
便於觀光和購物

聯合廣場就在咫尺，離名牌店聚集的購物區和中國城也很近。從高樓層還能將灣區和舊金山市街盡收眼底。

DATA
交MUNI電車全線、灣區捷運POWELL站步行7分 住345 Stockton St. 電(415)398-1234
金S$199～T$199～ 685室

聯合廣場 MAP 別冊P16B3
舊金山聯合廣場萬豪酒店
San Francisco Marriott Union Square
舒適度和便利性兼具的飯店

與聯合廣場只相隔一個街區，地理位置絕佳的沉穩風格飯店。離叮噹車搭乘處也很近，無論市內觀光或購物都能隨心所欲。

DATA
交MUNI電車全線、灣區捷運POWELL站步行10分 住480 Sutter St. 電(415)398-8900
金S$389～T$389～ 400室

蘇瑪區 MAP 別冊P17C4
舊金山W飯店
W San Francisco
名聞遐邇的時尚飯店

室內擺設走新潮時尚風格的飯店，很受時髦年輕族群的喜愛。坐落於舊金山現代美術館旁邊，觀光、購物都十分方便。

DATA
交MUNI巴士14路MISSION ST& 3RD ST步行3分 住181 3rd St. 電(415)777-5300
金S$249～T$249～ 423室

蘇瑪區 MAP 別冊P16B4
舊金山馬奎斯萬豪酒店
San Francisco Marriott Marquis
很受商務旅客的青睞

前往芳草花園和現代美術館等文化景點都很方便。會議空間完善，吸引許多商務客層入住。高樓層的景致也很值得一看。

DATA
交MUNI電車全線、灣區捷運POWELL站步行2分 住780 Mission St. 電(415)896-1600
金S$275～T$275～ 1366室

蘇瑪區 MAP 別冊P20B1
舊金山市政中心假日酒店
Holiday Inn San Francisco-Civic Center
適合商務和觀光的便捷地點

位於市場街的南側。寬敞的客房設計簡約又整潔，所有房型都附設有陽台。泳池和健身房等設施也很充實。

DATA
交MUNI電車全線、灣區捷運CIVIC CENTER站步行5分 住50 8th St. 電(415)626-6103
金S$179～T$179～ 389室

嬉皮區 MAP 別冊P14B3
金普頓酒店
The Kimpton Buchanan
感受日本的流行文化

結合簡約洗練的日本美學與美式藝術的設計風格。位於日本城內，所以日式料理餐廳和超市很多，廣受各年齡層的歡迎。

DATA
交MUNI電車全線、灣區捷運VAN NESS站步行5分 住1800 Sutter St. 電(415)921-4000
金S$140～T$140～ 125室

漁人碼頭 MAP 別冊P18B2 舊金山漁人碼頭假日酒店 Holiday Inn San Francisco Fisherman's Wharf	客房內有大片窗景，擺設簡單，住起來很舒服。交叮噹車鮑威爾—海德街線POWELL ST & BEACH ST步行2分 住1300 Columbus Ave. 電(415)771-9000 金S$191～T$191～ 585室
漁人碼頭 MAP 別冊P19C2 漁人碼頭2620號酒店 Pier 2620 Hotel	位於漁人碼頭，觀光十分便利。交叮噹車鮑威爾—海德街線POWELL ST & BEACH ST步行5分 住2620 Jones St. 電(415)855-4700 金S$229～T$229～ 234室
聯合廣場 MAP 別冊P15C2 舊金山金門假日酒店 Holiday Inn San Francisco Golden Gateway	飯店內設施完善，客房內還設有工作空間。交叮噹車加州街線CALIFORNIA ST & VANNESS AVE步行1分 住1500 Van Ness Ave. 電(415)441-4000 金S$191～T$191～ 389室
聯合廣場 MAP 別冊P16B4 公理飯店 The Axiom Hotel	叮噹車搭乘處就在眼前，小型犬也可同住。交MUNI電車全線、灣區捷運POWELL站即到 住28 Cyril Magnin St. 電(415)392-9466 金S$279～T$279～ 124室
蘇瑪區 MAP 別冊P17C3 舊金山中央公園酒店 Park Central Hotel	風格洗練的飯店，從大窗戶望出去的景色也很美。交MUNI電車全線、灣區捷運POWELL站步行5分 住50 3rd St. 電(415)976-6400 金S$209～T$209～ 667室
中國城 MAP 別冊P17C2 舊金山文華東方酒店 Mandarin Oriental San Francisco	位於First Interstate Center大樓的上層部，38～48樓為飯店的客房樓層。交MUNI電車全線、灣區捷運MONTGOMERY站步行5分 住222 Sansome St. 電(415)276-9888 金S$399～T$399～ 158室

舊金山 市內交通

市區遊逛小建議

與美國其他大城市相比規模較小,交通移動也相對簡單。大範圍的移動可搭巴士和叮噹車,小範圍的話就以徒步方式。即使行程中有距離稍遠的景點,一天輕鬆遊逛2～3個區域也沒問題。

●基本上以徒步為主

景點多集中在小範圍內,基本上徒步遊逛即可。不過以坡道聞名的舊金山有些路段較為陡峭,若遇到過於吃力的上坡道直接利用巴士等交通工具會輕鬆許多。

●挑戰搭乘叮噹車

哐噹哐噹穿梭於上下坡道間的叮噹車是舊金山的招牌象徵。不僅可當成遊樂設施搭乘,也是觀光時的實用代步工具。週末等尖峰時段的搭乘處總是大排長龍,不過從中途的停靠站大多還是能搭上車。

●MUNI巴士也很方便

市營的MUNI巴士網遍及全區。雖然路線稍嫌複雜又有容易遇上塞車的缺點,但只要善加運用就能大大提升遊逛的效率。若移動範圍在市場街,則搭乘行駛於地下的MUNI電車比較方便。

舊金山市中心主要交通圖

灣區捷運
MUNI電車(虛線為地下行駛)
MUNI電車F線
叮噹車
MUNI巴士
渡輪

叮噹車 | Cable Car

1873年開通後，叮噹車曾一度是市內最主要的交通工具，如今只剩三條路線還在營運中，服務對象也以觀光客為大宗。復古車廂加上木板座椅的配備雖然稱不上舒適，但推薦在旅遊期間一定要體驗一次看看。

●車資與系統

票價為均一價，單程票$7。上車時直接付給車掌，為避免找錢耽誤時間，請盡量自備零錢。市場街等搭乘處也設有售票亭，若要搭好幾趟則購買下列的MUNI周遊券比較划算。

●運行時間

6時～翌1時左右，視路線而定。除了深夜和清晨的時段外每隔8～10分鐘運行。

●三條路線

鮑威爾—梅森街線(Powell-Mason)
市場街&鮑威爾街～泰勒街&海灣街，前往39號碼頭等地很方便。
鮑威爾—海德街線(Powell-Hyde)
市場街&鮑威爾街～海德街&海灣街，往來於漁人碼頭西側。
加州街線(California)
往返於市場街～凡尼斯大道之間的加州街。

●注意重點

‧稱為Gripman的駕駛於行進間會操縱一支大型的控制桿，有時會因安全因素出聲叱責乘客，請務必遵循指示。
‧鮑威爾—梅森街線與鮑威爾—海德街線有部分路段屬於同一路線，請確認車身上的文字標示以免搭錯車。
‧為避開起始站的排隊人龍，建議清晨時段就來搭，或是選擇人潮較少的加州街線。沒有座位也無所謂的人，多走一段路到途中的停靠站可能還比較容易搭上車。

●搭乘叮噹車

❶ 尋找停靠站

若選擇從起站搭車，大多都需要排隊等候。途中搭車的話找找紫色的招牌，路線範圍的交叉路口幾乎都設有停靠站。

這個招牌很好認

❷ 購買車票

鮑威爾—海德街線、鮑威爾—梅森街線的起始站設有售票亭，上車前請先購買車票。沒有售票亭的場所就上車後直接付給車掌，或是向車掌出示MUNI周遊券。

鮑威爾街&市場街的售票亭

❸ 上車

途中停靠站會在交叉路口的中央處停車，上車時需多留意周遭的交通狀況。上車後請遵循車掌和駕駛的指示。

確認安全後再上車

挑戰站在踏板上乘車

遇到客滿時也可站在車廂外的踏板上，但必須緊握把手以免掉下車。若持大件行李有時會被拒絕搭乘。

刺激的路板搭車也是SF的特有風景

❹ 下車

若要在途中停靠站下車，可先向車掌告知欲下車的地點。對英文沒有自信的人，只需事先將寫有目的地的紙條交給車掌，待快到站前就會提醒你該下車了。

也有很多人會在下車後拍照留念

Check實用物

有了這兩樣東西就能在市內盡情地四處移動
在開始遊逛前務必要先取得

●MUNI周遊券

可不限次數搭乘叮噹車、MUNI巴士、MUNI電車的周遊券。有1日券$17、3日券$26、7日券$35三種，最後一天的使用期限至23時59分。還有名為Clipper Card的IC卡，但短期停留的旅客並不適用。

使用前要先刮掉日期

●交通運輸系統地圖

明載MUNI巴士、MUNI電車、叮噹車等詳細路線的大型地圖。連單行道之類的相關資訊也都標示得一目瞭然，若要頻繁使用MUNI巴士的話，建議可以買一本。$3。

觀光服務處等場所都買得到

MUNI巴士 | Muni Bus

行駛於舊金山市內的市營巴士。有近70條路線遍布各區，是市區觀光不可或缺的交通工具。市區內許多路段是單行道，路線複雜，得花點時間才能搞懂，但習慣後就會覺得一點都不難。停靠站的間隔很近，所以不需害怕搭錯車，挑戰看看吧。

●車資與系統

單程票一律\$2.25。車上不找零，請自備零錢。於90分鐘以內可不限次數轉乘，因此上車時請記得索取轉乘券。轉乘時只需向車掌出示這張轉乘券即可。

●運行時間

不同路線的差異很大，大約落在5～24時左右。也有24小時運行的路線和名為OWL的深夜巴士。

●便於觀光的路線

6…從渡輪大樓經由市場街往海特街方向
7、7R、43…從市中心往嬉皮區方向
8X…從聯合廣場周邊經由中國城往漁人碼頭方向
14…從渡輪大樓往教會區方向
21…渡輪大樓經由市場街往阿拉莫廣場方向
22…往來於南北向的費爾摩街
28…從梅森堡往金門大橋方向
37…從海特街往雙子峰方向

●注意重點

·有些巴士站只會在電線桿的一部分或路緣石塗上黃色，不習慣的話可能會找不到站牌。
·有些路線在車尾附近會有舉止怪異的乘客，若非車上人很多，否則不要選擇車尾的位置。清晨和深夜乘客較少的時段最好坐在司機附近。

●搭乘MUNI巴士

❶ 尋找巴士站

樣式有很多種，一般多會寫上「MTA」、「MUNI」的文字和路線號碼。也有的巴士站會有顯示車班預定抵達時間的電子看板。

會標示出路線號碼
有頂棚的巴士站

❷ 確認路線

若有複數路線行經，有時會依各路線設置不同巴士站。請多加留意以免搭錯路線和方向。

車頭上方會顯示路線名稱和終點站

❸ 上車

巴士靠近時舉手示意搭車，從前門上車。車門為自動式，若沒打開時壓下門旁的按鈕即可。

排隊依序上車

❹ 支付車資

上車後將現金投入司機座位旁的車資箱，也別忘了索取轉乘券。持MUNI周遊券者則必須向司機出示。

不會找零所以請自備零錢

❺ 拉鈴下車

盡量避開前方的博愛座往車後方移動。有的車內會廣播站名或設有電子看板，當接近要下車的巴士站，請壓下按鈕或拉鈴示意。

拉下車鈴

❻ 下車

前後門皆可下車。車門大多為自動式，有的則是必須壓下把手或踩下黃色踏板才能打開車門。

壓下黃色把手就能打開車門

前往要塞區的免費巴士

若要前往市區西北部的要塞區，可搭直達的免費巴士「PresidiGo Shuttle」。有巡迴要塞區周邊的路線及巡迴市中心的路線。

PresidiGo Shuttle的停靠站

●便利路線

市中心路線…從跨灣轉運站經由灣區捷運EMBARCADERO站等地後開往要塞區的轉運中心。6時10分～21時30分（週六、日9時30分～19時30分）每隔15分～1小時運行。週一～五的通勤時段以外皆免費。

周遊路線…從轉運中心有兩條路線，於金門大橋等地與MUNI巴士相連結。6時30分～19時30分（週六、日11時～18時30分）每隔30分運行。全天皆免費。
詳情請參照 www.presidio.gov/transportation/

MUNI電車 | Muni Metro

連結市中心與郊區的地鐵，除市中心外都行駛於地面上。前往郊區觀光景點時的利用度不高，但若移動範圍在市場街的話就相當便利。只行駛地面上的復古電車F線，是最受觀光客喜愛的路線。

●車資與系統

票價為均一價$2.25。車票與MUNI巴士共通，90分鐘內可不限次數轉乘。

●運行時間

5時～翌1時左右，視路線而定。週末的首班車時間會稍微晚些。

●主要路線

全部有9條路線，最方便觀光的是復古電車F線。從市場街經由渡輪大樓後，沿著海灣往漁人碼頭方向。其他條路線都行駛於市場街的地面下，班次眾多，而且不會有塞車問題，所以利用價值很高。

●注意重點

·地面下和地面上的搭乘方式會不一樣。地面下會設置閘票口，地面上則與巴士的搭乘方式相同。
·於市場街地下車站的月台標示中，Inbound代往東行，Outbound代表西行。
·車廂會停靠在「Boarding Zone」附近，進月台後請尋找這個標識。

●搭乘MUNI電車

❶ 尋找車站

通往地下月台的入口有紅底白字的MUNI圓形招牌，也會標示出路線名稱。

有的入口還設有手扶梯

❷ 購買車票進入月台

車票可於閘票口旁的自動售票機購買。持MUNI周遊券或轉乘票者，請向地鐵人員出示。

將車票插入，即可通過自動閘票口

❸ 確認路線

於地下月台請確認路線號碼和終點站。市中心範圍內的每一站所有路線皆會停靠，只要方向沒錯就沒問題。

月台上的路線導覽圖

❹ 上車

車廂僅2～4節，會比月台長度來得短。請務必站在寫有「Boarding Zone」的地方候車。

也要確認一下車廂前面的路線號碼

❺ 下車後通過閘票口

車內會有停靠車站的廣播，但最好還是確認一下月台上的站名標示。市中心的範圍內每站皆停，但行駛於地面上的路線下車時必須拉鈴。

出閘票口時不需要車票，但經常會查票，所以請保管好車票

搭乘復古電車

MUNI電車F線又有「歷史街車Historic Streetcars」的別稱，曾服役於世界各地的復古造型電車令觀光客也為之風靡。

●搭乘方式同MUNI巴士

有各式各樣復古電車運行其間的F線，每輛車廂的內部設計也都不一樣。車內都會有車廂的由來、歷史等相關介紹，就像是一座迷你博物館般。搭乘方式與MUNI巴士相同。

重現曾活躍於墨西哥市的電車

目前在米蘭依然現役中的電車

搭乘處設有月台

車內也很有復古感

灣區捷運 |Bart

連結舊金山市內和郊區的鐵道，全名為Bay Area Rapid Train（灣岸地區高速鐵道）。1974年通車，最高時速高達130km。全部有5條路線，與對岸的東灣有海底隧道相連。

●車資與系統

票價$1.95～11.65，視區間而異。可於售票機確認車資。從市中心到機場$8.65、到柏克萊$3.90。採用儲值式車票，會從餘額中扣除車資。

●運行時間

4～24時，週六6時～、週日8時～。早晚的通勤時段相當擁擠，建議盡量避開。

●主要路線

觀光客較常利用的是連結舊金山國際機場～市中心～柏克萊的里奇蒙德—達利市—米爾布電線。

●注意重點

・請注意不可與MUNI電車和MUNI巴士相互轉乘。
・市中心的車站與MUNI電車在同一場所，請勿走錯閘票口。

連結郊區與市中心的市民代步工具

連結郊外的加州火車

連結舊金山與矽谷的中心──聖荷西的鐵道，主要做為通勤之用，所需時間1小時～1小時30分。加州火車的SAN FRANCISCO站，離MUNI電車N、T線的4TH & KING STATION站很近，幾步路就到。

●車資與系統

票價採區間制，1區$3.75～6區$13.75。也有發行一日票，票價為該區間單程票的兩倍。車票可於車站內的售票機或窗口購買。沒有閘票口，所以直接上車即可，遇車掌查票時再出示車票。若隨身有大件行李，請搭乘行李車廂Luggage Car。平日約每隔30分鐘一班車，週末則1小時一班左右。

●搭乘灣區捷運

❶ 尋找車站

郊區行駛於地面上，但市中心的車站都在地面下。入口與MUNI電車相同，地下的搭車場所則各自分開。

ba是灣區捷運的標誌

❷ 購買車票進入月台

售票機置於閘票口旁。先從車資表找到目標車站並確認票價，投錢後決定購入金額再按下「Print」，車票就會跑出來。若預定來回都要搭乘，可投入單程票兩倍的金額先買兩張票，回程時就不需要再花時間購買。將車票插入即可通過自動閘票口，取回車票後，就往月台方向前進。

最多只能找零$4.95，必要時請先換小額紙鈔

通過閘票口時需將車票插入前方的票口

❸ 上車

月台上設有電子看板，會顯示下一班進站的列車終點站站。車內也有廣播提醒下一個抵達站名。

月台上的電子看板，有多個不同的終點站因此得仔細確認才行

❹ 下車後通過閘票口

通過閘票口時若還有餘額，車票彈出後即可取回，若餘額不足就會被回收。餘額不足時，請於閘票口旁的補票機儲值。

灣區捷運路線圖

━━━ 里奇蒙德～達利市－米爾布雷　Richmond ~ Daly City - Millbrae
------ 虛線為週一～～五19:00發車
━━━ 匹茲堡／灣角～SFO－米爾布雷　Pittsburg/Bay Point ~ SFO - Millbrae
------ 虛線為週一～五19:00以後及週末發車
━━━ 都柏林／普萊森頓～達利市　Dublin/Pleasanton ~ Daly City
━━━ 費利蒙～達利市　Fremont ~ Daly City
━━━ 費利蒙～里奇蒙德　Fremont ~ Richmond

渡輪 | Ferry

除了前往惡魔島、舊金山灣周遊等觀光渡
輪外，也是市民平日會利用的交通工具。
主要的搭乘處有41號碼頭和渡輪大樓。

●主要航線與船資

41號碼頭～蘇沙利多
單程\$11.50 一天4～5班
藍金渡輪
ⓌＷＷＷ.blueandgoldfleet.com/

渡輪大樓～蘇沙利多
單程\$11.50 一天6～9班
金門渡輪
Ⓦgoldengateferry.org/

●搭乘渡輪

❶ 購買船票

最慢請於開船前10分鐘抵達碼
頭。若碼頭附近就有售票窗口或售
票機，上船前先買好票會比較節省
時間；也可搭船時再購票。

蘇沙利多的金門渡輪售
票機

❷ 上船

開放旅客登船後請遵循指示上船，
若要連同自行車一起搭乘，請走專
用通道。

蘇沙利多的渡輪碼頭，
左邊是自行車專用通道

❸ 下船

船內分為甲板區和船艙區，可依個
人喜好選擇位置。船上也設有小賣
店，供應飲料和簡單輕食。

好天氣時坐在甲板區很
舒服

計程車 | Taxi

行李較多或多人數一起移動時，建議搭乘
計程車。但除了聯合廣場周邊等市中心
外，路上很難招得到計程車。深夜或清晨
等人潮較少的時段，最好利用計程車比較
安全。

●車資與系統

最初的1/5英哩（＝約300m）\$3.50，之後
每1/5英哩或每1分鐘\$0.55。進出機場皆須
加收\$4。加總後的金額還得再加上15～
20%的小費。

●主要計程車公司

DeSoto Cab 📞(415)648-3181
Luxor Cabs 📞(415)282-4141
Yellow Cab 📞(415)333-3333

●搭乘計程車

❶ 尋找計程車

市區很少會有隨招隨停的計程車，
只能從大型飯店等場所的計程車招
呼站搭乘，或是請飯店、餐廳代為
叫車。

機場的計程車招呼站

❷ 上車

車頂燈亮起就代表是空車，請自行
打開車門上車。若沒有把握能用英
文正確傳達，就先將目的地寫在紙
條上吧。

與廣告結合的車頂燈箱
也越來越常見

❸ 下車

付帳時除跳表機上顯示的車資外，
還要再加上15～20%的小費，幾
乎所有的計程車都可以使用信用
卡。請自行開關車門。

租車 | Rent-a-Car

舊金山市內的單行道多，停車場又少，只
在市內觀光的話，租車的實用性並不高；
但若要前往納帕谷等郊區、市區周邊地區
的景點，開車就很方便。市中心飯店的停
車場收費很高，最好事先詢問清楚。

●主要租車公司

大型租車公司都有網路預約服務，最好出
國前就先完成預約。
Alamo ⓌAlamo.jp/
Hertz Ⓦjapan.hertz.com/
Avis Ⓦavis-japan.com/

●注意重點

・請攜帶國際駕照和台灣駕照。
・坡道停車時請將方向盤打斜，輕
輕抵住路緣石。
・下坡時請注意車速不可過快，上
坡至頂端附近會有視線死角，必須
減速通過
・於叮噹車行駛的路段必須讓叮噹
車優先通行。停靠站都位在交叉路
口的中央，因此開車行經或要穿越
馬路得特別留意。

別忘了坡道停車的步驟

也挑戰一下倫巴德街吧

停車中的叮噹車

旅遊資訊

美國出入境的流程

確定去旅行後，應立刻確認重要的出入境資訊！
做好萬全的準備後前往機場

入境美國

1 抵達 Arrival

下機後依循指示前往入境審查區。事先備妥護照、ESTA（→P130）旅行授權許可影本或許可號碼的副本、海關申報單（→P131）、回程或下一段航程機票（電子機票副本）。

2 入境審查 Immigration

於外國人（Foreigner）專用櫃台前排隊。會被詢問入境目的、停留天數、住宿場所之類的簡單問題，按壓指紋和拍攝臉部照片後，在護照蓋上入境章，即完成審查手續。

3 提領行李 Baggage Claim

接著前往提領行李處。確認自己搭乘的班次號碼，從行李轉盤取回托運行李。萬一發生行李破損、行李遺失的情況，請出示行李條（Claim Tag）向航空公司工作人員申訴。

4 海關 Customs Declaration

拿到行李後，前往行李轉盤旁的海關，備妥海關申報單和護照。若攜帶物品在免稅範圍內就走綠色通道接受審查，若超過免稅範圍就走紅色通道進行申報。審查後海關人員會在海關申報單上簽名，連同護照一起歸還。

5 入境大廳 Arrival Lobby

設有觀光服務處、兌幣所等。

出境美國

1 報到、出境審查 Check-in

若是參加旅行團，可搭旅行社安排的巴士前往機場；若為自助旅遊，可租車或搭計程車、接駁巴士前往機場。租車的話，請考量還車所需時間並提早出發。抵達機場後前往航空公司報到櫃台，出示護照和機票（電子機票副本），由地勤人員進行出境審查。取得托運行李的行李條（Claim Tag）後，必須在X光安檢點等候行李通過檢查才能離開。

> 托運行李有時會在旅客不在場的情況下開箱檢查，若為工作人員以專用鑰匙就能打開的TSA海關鎖行李箱就不需擔心。

2 手提行李檢查 Security Check

輪到自己時，向安檢人員出示護照和登機證。若隨身物品有打火機、液體、膠狀物，請於排隊時投入規定的回收箱中。請注意手提行李中若有100毫升以上的液體物品，於出境的行李檢查時會被沒收。若容量不超過100毫升，即可裝在透明夾鏈袋內帶上機。

3 登機 Boarding

通過X光檢查門及手提行李檢查後，即完成出境手續。可利用時間到免稅店購物，但請於起飛30分鐘前抵達登機門的候機室。

出國時的注意事項

> 出發1個月～10天前做好確認

美國的入境條件

●護照的有效期限
入境時須持有3個月以上的有效期限。

●符合赴美免簽證的資格
・為中華民國在台灣設籍有身分證統一編號之國民。
・持我國核發並具效期之新版晶片護照。
・赴美目的為觀光或商務，且赴美停留在90天以內。
・已取得「旅行授權電子系統（ESTA）」授權許可。
・其他：無其他特殊限制而無法適用者、以海空方式抵達須搭乘獲核准之運輸工具且持有回程票、以陸路方式抵達需支付小額陸路邊境過境費用等。在入境港口之移民官員並未能否入境最終的裁量權。

> 從家裡～機場時確認

●機場的出境航廈
目前台灣有中華航空和長榮航空提供直飛洛杉磯、舊金山的航班，或可選擇經香港、東京等地轉機的其他航空公司。行前請記得確認所搭班機的出境航廈。

●托運行李與攜帶液體物品登機的限制
為配合反恐政策，上鎖的行李有時會被撬開檢查，而且不負毀損賠償責任。只有使用TSA美國海關認證密碼鎖的行李箱可以上鎖，除此之外的行李箱在托運時請勿上鎖。攜帶上機的液體物品若沒超過100毫升，即可放入透明夾鏈袋中登機。詳細規定請參照交通部民航局網站www.caa.gov.tw/big5/index.asp

赴美前必須申請許可！
ESTA

●何謂ESTA（旅行授權電子系統）？
ESTA（Electronic System for Travel Authorization 的簡稱）是用以決定旅客是否有資格以免簽證計劃（VWP）赴美的自動化系統。持有效新版晶片護照、以觀光或商務為目的停留90天以內，搭飛機或船入境美國的旅客即可透過免簽證計劃申請ESTA。必須在機場報到手續前取得，否則會被拒絕登機，因此最遲請於出發前72小時提出申請。免簽證計畫的資格條件請參照P129。2016年起有新增的額外規定，曾於2011年3月之後入境或停留伊朗、伊拉克、蘇丹、敘利亞、利比亞、索馬利亞、葉門及雙重國籍者不適用ESTA，必須申請簽證。

●ESTA申請方法
點進下列的美國官網，選取中文頁面填寫申請。申請費用$14，只接受MasterCard、VISA、American Express、JCB、Diners Club等信用卡或Debit Card支付。ESTA授權許可的有效期限為兩年或護照到期日，以上述兩者中較早發生者為準。詳情請上🌐https://esta.cbp.dhs.gov/確認。若自己不方便申請，也可請旅行社代為申請（需另付手續費）。

ESTA申請流程
進入申請網頁🌐https://esta.cbp.dhs.gov/

❶ 主畫面
選擇要新申請還是查閱現有申請。

❷ 選擇個人申請或是團體申請
點擊新申請後會出現ESTA申請對象的條件，確認後點擊「個人申請」。

❸ 安全通知
確認內容沒有問題後，點擊確認＆繼續。

❹ 免責聲明
①即使申請ESTA被拒絕仍可申請簽證。已ESTA入美後，未經允許不可在美國工作或入校求學。
②行政費用將透過信用卡或PayPal收取，未完成付款程序的申請人將不會得到赴美授權許可，且將不得登機或登船赴美。

❺ 申請人資料
請使用英文填寫，注意重點如下。
●父母
若不詳則填上「UNKNOWN」
●聯絡人資訊
○地址欄1…填入居住地址的街號與街名
○地址欄2…填入樓層、棟號或其他號碼
○國碼＋電話…台灣的國碼為「886」，填入電話號碼時去掉最初的「0」。不需連字號

❻ 旅行資訊
以英文字母填寫，注意重點如下。
●美國境內的聯絡資訊
○姓名…填入飯店名
○公寓號碼…非必填項目，空白也OK
○州別…選擇飯店所在的州別
●在美國期間的地址
若與上列「美國境內的聯絡資訊」相同，則勾選「同上欄美國境內的聯絡資訊」。
●美國及美國以外的緊急聯絡人資訊
若無家人、朋友或同事在美國境內，則填入台灣的家人、朋友或同事的資料。

❼ 患病及犯罪詢問
下列是否有任何一項適用於您？
（請回答是與否）
○您是否患有身體或精神疾病？
○您是否曾因導致嚴重損害財務，或嚴重傷害他人或政府機關的犯罪行為而被捕或定罪？
○您是否曾違反相關的擁有、使用或非法藥物的法律？
○您是否試圖從事或曾經從事恐怖活動、間諜、破壞或種族滅絕活動？
○您是否曾透過詐欺或失實陳述為自己或他人獲取或幫助他人獲取簽證或進入美國？
○您是否目前在美國求職或以前未經美國政府許可便在美國就業？
○您是否使用目前或以前的護照申請美國簽證時被拒絕，或在美國入境口岸被拒絕進入美國或取消進入美國的申請？
○您是否曾在美國逗留超過美國政府准許您逗留的時間？

❽ 確認申請內容
確認剛剛填寫的資料是否正確，若有錯誤請予以修正。旅行資訊確認完成後，為了驗證必須再填一次護照號碼、身分證統一編號、姓氏、國籍等基本資料。

小小資訊 安全飛行計劃（Secure Flight Program）是為了確保入出境美國的民航機安全。預約機票或報名旅遊行程時請遵循航空公司和旅行社的指示，提供護照上的姓名、出生日期、性別、旅客護照識別號碼（※若有的話）
※旅客護照識別號碼（Redress Number）…為了補救旅客因與恐怖分子同名同姓等原因被列入觀察名單所造成之錯誤的代碼

⑨ 付款

必須於7天內完成付款,支付手續費後才會受理申請。

⑩ 申請狀態

會顯示「許可核准」「拒絕入境許可申請」「許可處理中」其中一個畫面。取得「核准」後建議將此畫面列印出來,於有效期限內留存保管。

申請ESTA的注意重點

●收到「拒絕」的回覆

申請後於72小時內再次登入網頁,確認申請狀況。若得到「拒絕」的回覆就必須另行申請簽證,可向旅行社等單位詢問相關事宜。

●換發新護照時

於下一趟赴美時ESTA雖然還在有效期限內,但如果有換發新護照、姓名、性別、國籍有異動、適格性審查中的回答出現變更時,就必須重新申請ESTA。

美國入境時的限制

●主要免稅範圍

○酒類…1公升(21歲以上)
○菸類…香菸200支或雪茄50支、菸草2公斤
○攜帶入境物品(含商品及禮品)的免稅額為$100

●申報項目

○現金…貨幣額度並無限制,但現金若超過1萬美元以上者必須申報。
○衣物、珠寶、相機等攜帶物品除自用外,必須填寫品項和價格,申報時必須換算成美元。

●禁止攜帶入境的物品

○肉類製品(包括肉乾、泡麵等)、色情文件或出版品、火器彈藥、動植物等、土、水果、蔬菜等。

台灣入境時的限制

主要免稅範圍

●酒類…1公升(年滿20歲)

●菸類…菸捲200支或雪茄25支或菸絲1磅(年滿20歲)

●其他…攜帶貨樣的完稅價格在新臺幣12,000元以下

●貨幣…新臺幣10萬元以內;外幣等值於1萬美元以下:人民幣2萬元以下

※超過需向海關申報

入境美國時的必備文件

海關申報單

即使沒有攜帶必須申報項目的物品也一定要繳交。一個家庭只需填寫一張,但若不同姓氏則要各填一張。沒有確實申報的話會被處以罰款,因此請據實填寫。除簽名外一律以英文書寫。

●海關申報單填寫範例

①上列:姓 下列:名 ②出生日期(月、日、西元年後兩碼) ③同行家庭成員人數(本人以外) ④在美居住地址(飯店名稱/目的地) ⑤護照發行國家 ⑥護照號碼 ⑦居住國家 ⑧行經國家 ⑨航班號碼 ⑩~⑭請勾選「是」或「否」 ⑮上列:美國居民填寫欄 下列:觀光客填寫欄 ⑯簽名(與護照相同) ⑰日期

如須申報,請填寫「海關申報單」,並經「應申報檯」(即紅線檯)通關。▷▷▷

主要禁止進口及限制進口物品

●毒品危害防制條例所列之毒品。
●槍砲彈藥刀械管制條例所列之槍砲、彈藥及刀械。
●野生動物之活體及保育類野生動植物及其製品,未經行政院農業委員會之許可,不得進口;屬CITES列管者,並需檢附CITES許可證,向海關申報查驗。
●侵害專利權、商標權及著作權之物品。
●偽造或變造之貨幣、有價證券及印製偽鈔印模。
●所有非醫師處方或非醫療性之管制物品及藥物。
●其他法律規定不得進口或禁止輸入之物品。

洛杉磯機場～市中心的交通

從機場到市區的交通方式有4種。
最推薦可直抵飯店門口的共乘小巴。

於2010年全面翻修的湯姆‧布拉德利國際航廈

洛杉磯國際機場 MAP 別冊P2A4
Los Angeles International Airport

由1～8航廈與湯姆‧布拉德利國際航廈共9座航廈組成，所有航廈的1樓皆為入境樓層，2樓為出境樓層，也設有商店和餐廳。

機場的便利設施

●國際線航廈
中華航空、長榮航空、日本航空等外籍航空均於湯姆‧布拉德利國際航廈起降，聯合航空在第6～8航廈，達美航空多利用第5航廈。搭乘聯營航班的旅客尤其需要仔細確認。

●遊客中心
遊客中心位於湯姆‧布拉德利國際航廈，航廈出口附近也都設有觸控式導覽機，能查詢機場內的設施、市區交通資訊、飯店和航班訊息等。

●交通服務處
能提供觀光、前往市區的交通、飯店等相關支援的單位，也備有路線圖及各種資料。

●Encounter Restaurant
近未來風格外觀的歐式菜色餐廳，金屬材質的拱橋令人印象深刻。

●銀行／兌幣所／ATM
各航廈都設有銀行、兌幣所、ATM，但機場的匯率不佳，建議還是出發前在國內備妥美元。若要在航廈換匯，就先兌換前往市區的交通費等最低限度的金額。

●其他
可提供電話預約的無人飯店服務台、手機平板等免費充電站、WiFi無線網路。

●LAX Shuttle Airline Connection
循環機場內各航廈、停車場、最近車站、巴士總站間的免費巴士，有A、C、G三條路線。搭車前請先確認巴士車頭前標示的路線名稱。

交通速查表 ※所需時間僅供參考，視道路擁擠狀況而異。

交通工具		特徵	車資	洽詢處
	共乘小巴	定員10人左右的共乘小巴，採機場～各飯店點對點式的接送服務。車頭會顯示目的地的方向。到市中心約需45分，24小時運行。	到市中心$16（Super Shuttle）	Super Shuttle ☎1(800)258-3826 圇www.supershuttle.com
	FlyAway	從機場有前往UNION STATION站、EXPO／LABREA站、范奈斯、西木區等4條直達路線。24小時運行，到UNION STATION站約45分。	聯合車站$9 范奈斯$9 西木區$10 EXPO／LABREA站$7	LAX FlyAway ☎1(866)435-9529 圇www.lawa.org/welcome_LAX.aspx?id=292
	地鐵	前往市中心可從綠線AVIATION／LAX站搭車，於WILLOWBROOK站轉乘藍線，約需45分。會行經治安不佳的區域因此得多加留意，夜間時段最好選擇其他交通工具。	到市中心$1.75（需轉乘）	MTA ☎1(800)266-6883 圇www.metro.net
	計程車	請遵循工作人員的指示從計程車招呼站搭車。24小時運行，到市中心約30分。	到市中心約$46.50，付費時要再加上15%左右的小費	Yellowcab Co. ☎(866)777-7213

小小資訊 LAX Shuttle Airline Connection的A線巡迴於各航廈間，C線會行經Lot C停車場、LAX City Bus Center，G線可前往Ⓜ綠線AVIATION／LAX站

舊金山機場～市中心的交通

從機場到市區的交通方式有4種。
有共乘小巴、灣區捷運等方便旅客搭乘的交通工具。

依目的地不同，交通方式也很多元

舊金山國際機場 MAP 別冊P13B2
San Francisco International Airport

從台灣的直航班機都在這裡起降，由國內線航廈1～3與國際線航廈A、G所組成。舊金山周邊還有另外兩座機場。

機場的便利設施

●國際線航廈
中華航空、長榮航空、日本航空、聯合航空等班機均於國際航廈起降，中華航空和日本航空在登機區A、長榮航空和聯合航空在登機區G。入境樓層在2樓，出境樓層在3樓。

●觀光、交通服務處
除了提供前往市區和近郊都市的交通方式、費用、時間等相關資訊，也設有售票窗口。櫃台旁還陳列著觀光小冊子。

●銀行／兌幣所／ATM
各航廈都設有銀行、兌幣所、ATM，但機場的匯率並不好。

●網路中心
各航廈都設有上網區，並提供無線網路服務。

●飯店詢問處
設有櫃台，可打電話預約飯店。

●機場輕軌AirTrain
有兩條可免費搭乘的機場輕軌路線，分別是單向循環於機場內各航廈、停車場、租車中心等的藍線及單向循環於各航廈和停車場的紅線。24小時運行。

從機場輕軌GARAGEG／BART站搭灣區捷運到MILLBRAE站，再轉搭加州火車Caltrain到聖荷西約1小時

交通速查表 ※所需時間僅供參考，視道路擁擠狀況而異。

交通工具		特徵	車資	洽詢處
	共乘小巴	定員10人左右的共乘小巴。湊齊要前往同一方向的乘客後就會發車，沿路將每位乘客送至各住宿飯店。24小時運行，到舊金山市中心約30分。	$17～（視公司而異），再另加$1～2的小費	Super Shuttle ☎(877)300-4826 American Airporter Shuttle ☎(415)202-0733 San Francisco City Shuttle ☎(415)822-2648
	灣區捷運	連結舊金山與灣區各地的捷運系統，也與機場輕軌的「GARAGEG／BART」站相通。機場發車4時30分～23時53分（週六6時7分～，週日、假日8時7分～）。到POWELL站約30分。	到POWELL站$8.95	Bay Area Rapid Transit District(BART) ☎(415)989-2278 ∭www.bart.gov/
	路線巴士	優點是車資低廉，但缺點是大件行李很難擠上車。從各航廈1樓都有SamTrans巴士開往市中心，運行時間5～24時左右，到灣區轉運中心約45分。	$2.25。KX快速巴士$4	SamTrans ☎(650)508-6200 　1800-660-4287
	計程車	從機場出發若超過15英哩（約24km），有的計程車公司會收取跳表顯示金額1.5倍的車資。24小時運行，到市中心20～30分。	約$50～60，付費時要再加上15%左右的小費	Yellow Cab ☎(415)333-3333 De Soto Cab ☎(415)970-1300

小小資訊　舊金山周邊還有奧克蘭國際機場（OAK）和聖荷西國際機場（SJC）

旅遊常識

行前最好先瞭解一下貨幣、氣候、通信環境等當地的情況，
以及許多不同於國內的禮儀和習慣。

貨幣

美國的通行貨幣為美元（ＵＳ＄，輔幣單位是美分
Cent¢。$1=100¢）。照片中的6款紙鈔和4款硬幣
是目前主要流通的面額，為防止偽造會逐次變更紙
鈔的設計。

所有面額紙鈔的顏色和設計都相同，因此使用時要

多留意。硬幣有¢1、5、10、25，分別稱為
Penny、Nickel、Dime、Quarter。另外還有50¢和
$1的硬幣。$1紙鈔常用來支付小費，最好隨時備
用。除現金外還可使用信用卡、國際金融卡、旅行
支票等，請按照自己的消費習慣來選擇。

$1 ≒ 30元 (2017年6月)

 $1

 $5

 ¢1 Penny

 $10

 $20

 ¢5 Nickel

$50

$100

¢10 Dime

 ¢25 Quarter

貨幣兌換

機場、市區銀行、飯店、街上的兌幣所均可兌換美元，但匯率各有不同。匯
率比國內還差，能兌換的場所也不多，因此出發前還是先在國內兌換好所需
金額吧。若於國內沒有兌換，則盡量選擇在機場換匯。

機場	銀行	兌幣所	ATM	飯店
最方便	**匯率差**	**數量少**	**24小時無休**	**僅提供房客**
不要以為出了機場外還能輕鬆換匯，建議還是在國內先兌換好。	匯率不佳，手續費也很高。若沒有該銀行的戶頭可能會被拒絕。	兌幣所很少。除了Santa Monica Place、Citadel Outlet等購物商場外幾乎很難看到。週六、日不營業。	銀行、購物中心都有24小時營業的ATM。由於ATM設在戶外，夜間利用時請注意安全。	高級飯店皆可兌換，但基本上只限房客。小飯店和汽車旅館則大多沒有換匯的服務。

信用卡&ATM

餐廳、百貨公司等大多數店家都能使用信用卡，有
時入住飯店也會被要求刷卡付訂金，因此最好隨身
攜帶一張備用。若為附預借現金功能的信用卡，即
可在ATM提領所需額度的美元（手續費依發卡公司
而異）。

ATM實用英文單字表

- 密碼...PIN/ID CODE/SECRET CODE
- 確認...ENTER/OK/CORRECT/YES
- 取消...CANCEL
- 交易...TRANSACTION
- 提領現金...WITHDRAWAL/CASH ADVANCE/GET CASH
- 金額...AMOUNT
- 信用卡...CREDIT CARD/CASH ADVANCE
- 預借現金...SAVINGS

 每次兌換貨幣都會被收取手續費，因此最好有計畫性地換匯

撥打電話

- ●從自己的手機撥號時…費用依各家電信而異,出國前請先確認。
- ●從飯店客房撥號時…先按外線專用號碼,再撥對方電話號碼(依飯店而異)。有時須支付手續費。
- ●從公共電話撥號時…通常使用¢10等面額的硬幣,飯店和購物中心也有可使用信用卡撥打國際電話的公共電話。

● **美國→台灣**
  011 〔美國的國際冠碼〕-886 〔台灣的國碼〕-對方的電話號碼 〔去除開頭的0〕

● **台灣→美國**
  002 〔台灣的國際冠碼〕-1 〔美國的國碼〕-對方的電話號碼 〔去除開頭的0〕

● **洛杉磯、舊金山的市內電話**(從飯店客房撥號時)
  外線專用號碼(依飯店而異)－對方電話號碼。不可省略區域號碼。

網路使用

● **熱點**
美國的WiFi環境非常完善,餐廳、咖啡廳等場所都有免費WiFi可以使用。只要自備智慧型手機、平板電腦就能輕鬆上網。

街頭常見的免費WiFi標示

● **在飯店**
各大飯店幾乎都已經有高速網路服務。以WiFi無線上網為大宗,辦理入住手續時就會提供密碼。中級以上的飯店設有商務中心,住宿旅客也可付費使用電腦。

郵件、小包裹寄送

● **郵件**
明信片、信件、郵票除了郵局外,飯店或藥妝店等場所也買得到,但價格會有些許差異。只要在正面標註「TAIWAN」、「AIRMAIL」的英文,其餘的用中文書寫也沒問題。可請飯店櫃台代為投寄,但郵票費用會比較貴。美國郵資調漲的頻率很高,要特別留意。

可能會被誤認為垃圾箱的郵筒

● **包裹**
包裹請直接到郵局的窗口投寄。附上已填好內容物和重量的申報單,並貼上載明內容物的綠色「Customs Declaration(海關申報)」貼紙。1～8磅(約0.4kg～3.6kg)$13.75,9～32磅(約4kg～14.5kg)$22.50,33～48磅(約5kg～21.7kg)$33.25。另外還有使用郵局固定紙箱的Priority Mail International Flat Rate Box(含保險)。

美國寄台灣的參考天數與費用

內容	期間	郵資
明信片	7～10天	$1.15
信件(約99g以內)	7～10天	$1.15
包裹(約3.6kg以內)	1～2星期	$13.75

● **宅配**
優點是比一般航空郵寄來得快,萬一包裹遺失,運送公司也會理賠。若為中級以上的飯店,還有派人來飯店取件的服務。

國際宅配公司

FedEx	☎1(800)247-4747
UPS	☎1(800)782-7892
Yamato Transport U.S.A.	☎1(877)582-7246

小小資訊 利用Priority Mail International Flat-Rate時,1.8kg以下用信封裝為$30.95、小箱(約1.8kg以下)為$31.95、中箱(約9kg以下)為$67.95、大箱(約9kg以下)為88.95kg。箱子可免費跟郵局領取。

●飲用水

自來水可直接生飲，但石灰質含量偏高，建議購買礦泉水飲用。超市、便利商店均有售，旅遊期間最好隨時自備。

●插座與變壓器

美國的電壓110～120伏特（頻率60Hz），台灣則為110伏特，這樣的差異都在一般電器的允許範圍內，所以台灣的電器可以直接使用無妨。（美國為3孔插座，但台灣的2孔插頭也適用）

●廁所

基本上市區內不會有公共廁所，大多會利用飯店或購物中心的廁所。速食店、咖啡廳、超市等店家也都可以借用，不需過於擔心。為了安全起見，請避開太隱密的地方或視線死角，選擇人潮較多的場所。

●營業時間

視店鋪而異，以下是一般的營業時間。

餐廳	營午餐時段11時～14時30分，晚餐時段17～22時（視店鋪而異）
商店	營10～21時（視店家種類和地區而異，很多店家週日會提早打烊）
辦公室	營9～17時　休週六、日、假日
銀行	營9～15時　休週六、日、假日（有些週六僅上午營業）

●尺碼‧度量衡　※下記的尺寸對照表僅供參考，生產廠商不同多少會略有差異

女性

衣服

台灣	XS	S	M	L	XL
美國	4	6	8	10	12

鞋

台灣	22.5	23	23.5	24	24.5	25
美國	5½	6	6½	7	7½	8

男性

衣服(襯衫)領圍

台灣	XS	S	M	L	XL
美國	14	14½	15	15½	16

鞋

台灣	24.5	25	25.5	26	26.5	27
美國	6½	7	7½	8	8½	9

長度			重量		
1英吋(in.)	約2.5cm		1盎司(oz.)	約28g
1英呎(f.)	約30.5cm		1磅(lb.)	約454g
1英碼(yd.)	約90cm	容量	1加侖(gal.)	約3.8ℓ
1英哩(mi.)	約1.6km	溫度	86F(華氏86℃)	約30℃

●洛杉磯、舊金山的物價　※價格僅供參考

礦泉水
(500㎖)
$1.50～

麥當勞漢堡
$1.29～

星巴克咖啡
$3.50～

啤酒(1杯)
$6～

計程車
(起跳價)
$2.85～

小小資訊　舊金山的計程車（起跳價）為$3.50～

情況別基本資訊

●觀光

●建議
行李盡量輕便，穿雙舒服好走的鞋。出發前先查好如何前往目的地的交通方式，以節省時間。搭巴士常會遇到延誤的狀況，因此行程安排要寬鬆些。傍晚以後人潮變少，治安不佳的區域要多留意。

●在博物館寄放行李
博物館等設施基於安全上的理由規定大件行李必須寄放。貴重物品最好隨身攜帶，記得自備小袋子會比較方便。

●如何看懂地址
地址會按照門牌號碼、街道名稱、地區、ZIP CODE（郵遞區號）的順序排列，如果看得懂地址就能輕鬆找到目的地。

●禁止拍照的場所
有些夜店、酒吧、博物館等場所會禁止拍照，也有些只要不使用閃光燈就OK，記得要先確認一下。

●美食

●營業時間和預約
一般多為午餐時段11時～14時30分，晚餐時段17～22時，但知名主廚的餐廳大多只有晚上才營業。人氣餐廳或有特殊需求時請提早預約，也可透過飯店的禮賓部代為預約。

●點餐和結帳
餐廳基本上是入座後才開始點餐。每桌有固定負責的服務生，點餐和桌邊結帳都會是同一位服務生。

●推薦菜色
○洛杉磯
由於外來移民多，從速食到名流御用餐廳等世界各國菜色應有盡有。其中又以墨西哥菜最流行，與其他菜色相比不僅價格親民，而且口味道地。
○舊金山
推薦首選是海鮮，到專賣店就能輕鬆品嘗生蠔美味。還有美國規模最大的中國城，可以吃到正宗的中國菜和點心。

●購物

●店家種類和地區
想逛一流品牌店就到比佛利山莊、聯合廣場，想逛個性潮店就到梅爾羅斯大道、海特街，想逛暢貨中心就到郊外，先掌握每個地區的特性再規畫逛街路線吧。

●營業時間
商家的營業時間通常是平日10～19時，但依地區和店家會有些許差異。購物中心、百貨公司、暢貨中心為21～22時左右，藥妝店則從清晨開到深夜。有些店雖然全年無休，但週日大多會縮短營業時間或是延遲開店時間。

●消費稅
購物時除售價之外，必須再加上州稅。稅率依州、郡、都市而異，2017年4月時洛杉磯市為8.75%、舊金山市為8.50%。

●試穿
衣服建議要試穿後再購買。試穿前請向店員詢問一聲「Can I try this one on？」，有些店家的試穿間會上鎖，無法隨意進入。

●飯店

●入住／退房
一般都是15時以後才能入住，退房時間為11時或12時。若提早抵達，只要房間已經空出，或許可先拿鑰匙，如果不行，就先寄放行李吧。

●住宿稅
在美國入住飯店設施時，除住宿費外還要另付住宿稅（Room Tax）。稅率依各地區而異，2017年6月時洛杉磯為14%、聖塔莫尼卡為14%、比佛利山莊為14%、安納罕為15%、舊金山為14%。

●客房備品的有無
衛浴間內幾乎都有洗髮精、肥皂、浴巾、毛巾、方巾、杯子等備品，吹風機、拖鞋、浴袍則高級飯店才有。不會提供牙刷和睡衣，請自行攜帶。

小小資訊 出發前請記得瀏覽外交部領事事務局官網的旅外安全資訊。www.boca.gov.tw/np.asp?ctNode=683&mp=1

137

需注意的禮儀

●以女士優先為原則
在餐廳或電梯的出入口，通常男士都會優先禮讓女士，女士在接受男士幫忙開門時，也要記得說聲「Thank you」。

●吸菸
根據加州的州法，飯店、機場、電影院、餐廳等場所皆全面禁菸。戶外也必須在規定的區域範圍才能吸菸，邊走邊吸菸、亂丟菸蒂都會開罰。

●遵守飲酒規則
未滿21歲禁止飲酒，購買酒品、進入夜店或酒吧時可能會被要求出示證件，所以請隨身攜帶護照（影本無效）。此外，海灘、公園和街上都禁止飲酒。

觀光服務處

●好萊塢
遊客服務中心
住6801 Hollywood Blvd.　電(323)467-6412
時10～22時(週日～19時)　休無休
MAP別冊P10B2

●聖塔莫尼卡
聖塔莫尼卡遊客服務中心
住1920 Main St. Suite B.　電(310)393-7593
時9時～17時30分(週日～17時)　休無休
MAP別冊P8A2

●帕薩迪納
帕薩迪納會議旅遊局
住300 East Green St.　電(626)795-9311
時8～17時　休週六、日
MAP別冊P3D1

●舊金山
舊金山遊客服務中心
住900 Market St.　電(415)391-2101
時9～17時(週六、日～15時)　休11～4月的週日
MAP別冊P16B4

●小費
接受良好服務時給點小費在美國是一種社交禮儀。此外小費要盡量以紙鈔支付，因此最好隨時備有$1的紙幣。餐廳用餐的小費通常是消費金額的15～20%，可依照店家的等級適度調整。有些店家的結帳金額已內含服務費，可從收據上確認。以信用卡支付時，先在帳單下方的Tip（或Gratuity）欄填入小費金額，再將消費金額和小費的合計金額寫在最下方的Total欄。請保留帳單副本。

小費的基準

行李員、門房	一件行李$1～2， 代叫計程車$1～2
房務員	離開房間時在枕頭邊放$1～2
計程車	車資的15～20%
咖啡廳、酒吧、餐廳	消費金額的15～20%。已含服務費和採自助式服務的店家就不需給小費
按摩、Spa	費用的15～20%

突發狀況應對方式

洛杉磯常發生竊盜、扒手、車內財物遭洗劫的案件。在迪士尼樂園和好萊塢環球影城等觀光景點、機場、飯店、餐廳、停車場，尤其要嚴加提防保管好貴重物品，切勿將行李留置在車內。舊金山與洛杉磯一樣，竊盜、扒手、車內財物遭洗劫的案件也層出不窮，而且還有幫派惡鬥、槍械強盜等惡性犯罪。聯合廣場西南邊的田德隆區和美術館、棒球場的AT&T公園所在的市場街南區（蘇瑪區），都要特別小心。

●基本防範對策
○貴重物、護照、大量現金請放在飯店客房內的保險箱，若需隨身攜帶護照，請多留意以免遺失。
○使用信用卡時，簽名前要仔細確認金額，帳單副本請務必留存。
○竊盜案件多發生在機場和飯店的櫃台周邊、趁人打電話不注意時，因此辦理手續時也請保持警覺，絕不可讓行李離開視線。於購物中心、車站等場所，也要隨時注意隨身物品。
○若遇到遊民乞討，最好輕聲拒絕，若給了其中一人，恐怕會引起其他人圍過來。
○即使大白天也盡量不要單獨走在人潮較少的地區。紅燈區雖然直到深夜都還很熱鬧，但女性最好避免獨自一個人行經。

生病時

身體極度不適時，別猶豫直接去醫院吧。可請飯店櫃台幫忙安排醫師、病況嚴重時代為叫救護車，若有投保海外旅行平安險，可撥打海外急難救助電話尋求協助。胃腸藥、感冒藥之類的一般成藥也最好隨身攜帶比較安心。

通中文的醫院

●洛杉磯
○嘉惠爾醫院
　Garfield Medical Center
　525 North Garfield Avenue Monterey Park, CA 91754
　(626) 573-2222
○西達賽奈國際健康中心
　Cedars-Sinai Medical Center
　8700 Beverly Blvd, Los Angeles, CA 90048
　(310)423-3277

●舊金山
○東北醫療中心
　North East Medical Services
　(415)-391-9686
　www.nems.org/ch/locations.html

遭竊·遺失時

若有東西遭竊，最好有心理準備應該是找不回來了。請參考下述的處理流程，盡速完成相關手續。

●護照
先到警察局報案，並索取遭竊（遺失）證明文件report of the loss。若遭竊或遺失的地點在飯店內，也要請飯店開立證明文件。之後再向我國的駐外辦事處申請補發護照或是核發入國證明書。

●信用卡
為了避免卡片遭人盜刷，請在第一時間連絡發卡銀行申請掛失。若已經被盜刷，請記得向當地警察局報案並索取遭竊（遺失）證明文件。之後再遵循發卡銀行的指示辦理手續。

●行李
雖然找回的機率幾乎是零，還是要到警察局報案並索取遭竊（遺失）證明文件。若投保的海外旅行平安險有提供相關的保障條約，返國後辦理手續時也會需要遭竊（遺失）證明文件。

旅遊便利貼

美 國

●駐洛杉磯台北經濟文化辦事處
　3731 Wilshire Boulevard, Suite 700, Los Angeles, CA 90010
　(213)389-1215
　(213)383-3245
　9時～17時
　週六、日、國定假日
　E-Mail：info@TECOLA.org

●駐舊金山台北經濟文化辦事處
　555 Montgomery Street, Suite 501 San Francisco, CA 94111
　(415)362-7680
　(415)362-5382
　9時～16時30分(每月第一週六9時至中午也有辦公)
　週六、日、國定假日
　E-Mail：tecosf@sbcglobal.net

●旅外國人急難救助全球免付費專線
　011-800-0885-0885

●警察局・消防局・救護車　911

●信用卡公司緊急聯絡電話
○Master Card
　1-636-722-7111
○Visa
　1-866-765-9644
○American Express
　1-800-2100-266
○JCB
　1-800-606-8871

台 灣

●美國在台協會
　www.ait.org.tw
○台北辦事處
　106 台北市信義路三段134巷7號
　02-2162-2000
　02-2162-2251
○高雄分處
　80661 高雄市前鎮區成功二路88號5樓
　07-335-5006
　07-338-0551

●美國旅遊推展協會
　www.seeamerica.org.tw

小小資訊　跟國內相比美國的醫療費用高得嚇人。旅遊期間可能會有難以預料的突發狀況，建議投保海外旅行平安險來分散風險。

139

\簡單列出/

行前準備memo

首先參考旅遊季節（→P5），
決定服裝和攜帶物品。
出發前可利用memo欄做好行前準備。
若有時間，也可先想想要給誰買哪些伴手禮。

託運行李list

☐ **鞋**
除了好穿易走的平底鞋外，再準備一雙外出鞋會更方便

☐ **包包**
早餐和晚餐時可放錢包和手機的小包包，能隨身攜帶的大小即可

☐ **衣服**
選擇方便洋蔥式穿法、不容易皺的材質

☐ **貼身衣物**
準備3套左右，在當地可清洗替換。也別忘了襪子

☐ **牙刷組**
有不少飯店並不提供牙刷、牙膏等用品

☐ **洗臉用品**
卸妝、洗面乳等

☐ **化妝品**
粉底、口紅、眼影、腮紅、眼線筆等

☐ **防曬用品**
日照強烈的夏天請準備SPF係數較高的產品

☐ **沐浴用品**
沐浴乳等清潔用品飯店都有，若無特殊需求就不用多準備

☐ **拖鞋**
帶可折疊的旅行用拖鞋或用過即丟的拖鞋比較方便

☐ **常備藥**
止瀉、腹痛、綜合感冒藥等，有漱口水更好

☐ **生理用品**

☐ **轉換插頭、充電器、充電電池**
攜帶有內建變壓功能的國際規格機種，或是另外帶變壓器

☐ **環保袋**
可折疊的袖珍型最方便

☐ **折傘**
若遇雨季也可攜帶雨衣

☐ **拖鞋**
最好是防水的

☐ **泳裝**
也可以在當地購買

☐ **太陽眼鏡**

☐ **帽子**

有洗滌用品、折疊式衣架的話會更方便。若預定要去熟食店或超市購買食材的話，也別忘了攜帶自用筷或免洗叉子

帶上機內的免費寄放行李，會有重量和尺寸的限制，依航空公司會有不同規定，出發前請事先確認限制細節。另外，託運的行李有時在搬運過程中會出現破損，為防萬一請記得將行李箱綁上行李帶

除了環保袋外再多準備幾個塑膠袋，可用來裝濕衣服或購買液體物品時使用

可善用分裝袋或保存用的小袋子將行李整齊分類，或是用包巾打包衣物

建議將較重的物品（鞋子、沐浴用品等）放置於行李箱底部

SOAP

小小資訊 鋰電池或鋰離子電池不可放置於行李箱中託運。手機用的行動電源也得注意。
詳情請參考外交部領事事務局官網的旅外安全資訊。🌐www.boca.gov.tw/np.asp?ctNode=683&mp=1

手提行李list

- ☐ **護照**
  絕對不可忘記！
  出發前再確認一次
- ☐ **信用卡**
- ☐ **現金**
  除了要在當地兌換的金額
  外，也別忘了國內要使用
  的交通費
- ☐ **數位相機**
  電池、記憶卡最好再多準
  備一組
- ☐ **手機**
  若手機有計算機功能，也
  可取代計算機

- ☐ **原子筆**
  填寫出入境卡和海關申報單時
  會用到
- ☐ **旅行團行程表**
  （機票／電子機票）
- ☐ **面紙**
- ☐ **手帕**
- ☐ **護唇膏**
- ☐ **圍巾／口罩**
  （有需要的人）
  機艙內空氣乾燥，
  可帶口罩防護

> 推薦攜帶不需
> 手拿、可背在
> 肩上的包款

□□□□世界

別忘了

手提行李注意事項
液體類的東西若要帶上機艙會有相關限制（→P129）。髮膠等噴霧類、護唇膏等
膠狀物也包含在液體物品內，請特別注意。此外，刀刃類物品禁止帶上機艙，建
議將機艙內不需用到的東西全放在行李箱託運。

> 機內要填寫入境
> 單或申報單時就
> 能派上用場

便利memo

護照號碼 _____

護照發行日 _____

護照有效期限 _____

飯店 _____

去程班機號碼 _____

回程班機號碼 _____

出發日 _____

回國日 _____

伴手禮list

送 禮 對 象	禮 物	預 算

洛杉磯

142

時尚・可愛・慢步樂活旅

LOS ANGELES SAN FRANCISCO

國家圖書館出版品預行編目 (CIP) 資料

洛杉磯.舊金山 / JTB Publishing, Inc.作；
許懷文翻譯. —— 第一版. ——
新北市：人人，2017.10
面；公分. ——（叩叩世界系列；17）
ISBN 978-986-461-118-8（平裝）

1.旅遊 2.美國洛杉磯 3.美國舊金山
752.9　　　　　　　　　106009662

JMJ

【 叩叩世界系列 17 】

洛杉磯・舊金山

作者／JTB Publishing, Inc.
翻譯／許懷文
編輯／林德偉
校對／汪欣慈
發行人／周元白
排版製作／長城製版印刷股份有限公司
出版者／人人出版股份有限公司
地址／23145 新北市新店區寶橋路235巷6弄6號7樓
電話／（02）2918-3366（代表號）
傳真／（02）2914-0000
網址／http://www.jjp.com.tw
郵政劃撥帳號／16402311 人人出版股份有限公司
製版印刷／長城製版印刷股份有限公司
電話／（02）2918-3366（代表號）
經銷商／聯合發行股份有限公司
電話／（02）2917-8022
第一版第一刷／2017年10月
定價／新台幣400元

日本版原書名／ララチッタ　ロサンゼルス・サンフランシスコ
日本版發行人／秋田　守
Lala Citta Series
Title: LOS ANGELES SAN FRANCISCO
© 2016 JTB Publishing, Inc.
All rights reserved
First published in Japan in 2016 by JTB Publishing, Inc. Tokyo
Chinese translation rights arranged with JTB Publishing, Inc.
through CREEK & RIVER Co., Ltd. Tokyo
Chinese translation copyright © 2017 by Jen Jen Publishing Co., Ltd.

人人出版好本事
提供旅遊小常識＆最新出版訊息
回答問卷還有送小贈品
部落格網址：http://www.jjp.com.tw/jenjenblog/

從這裡
拆下來

Lala♪ Citta
ララチッタ

洛杉磯 舊金山

別冊 **MAP**

CONTENTS

MAP 記號索引

		道路英文簡稱	
Ⓗ飯店	♀巴士站	Street=St.	Avenue=Ave.
⛪教堂	🏛銀行	Lane=Ln.	Place=Pl.
ℹ觀光服務處	•郵局	Road=Rd.	Boulevard=Blvd.
Ⓜ地鐵站	⊞醫院	Drive=Dr.	Freeway=Fwy.
✈機場	⊗警察局	Highway=Hwy.	

♪洛杉磯

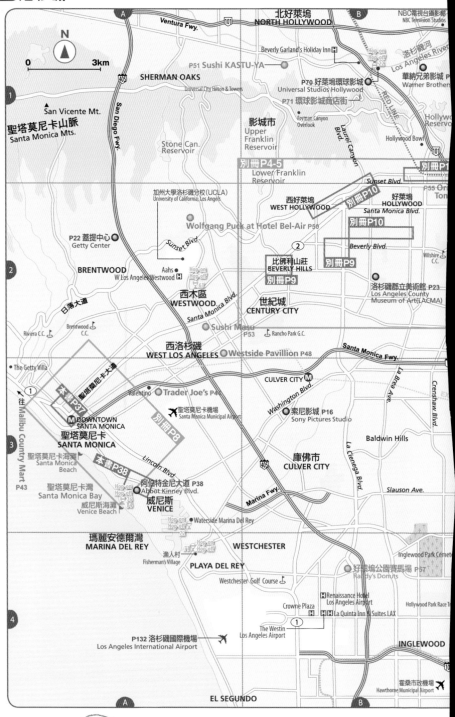

區域 Navi

佔地遼闊的洛杉磯只靠公共交通工具的話，一天能遊逛的區域有限，
若行程排得過於緊湊，屆時一定會後悔。

◉觀光景點　◎餐廳·咖啡廳　◎商店　Ⓗ飯店

區域
Navi

好萊塢和比佛利山莊有許多夜店和人氣餐廳，
晚間與週末時段的周邊道路容易塞車。

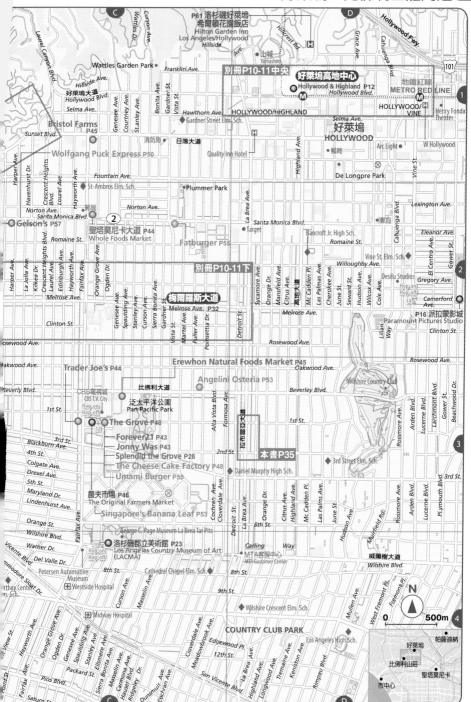

♪洛杉磯

6

區域 Navi　受歡迎的L.A. Live周邊飯店林立，是直到深夜依然人聲鼎沸的市中心區域，但人煙較少的街道還是避開為佳。

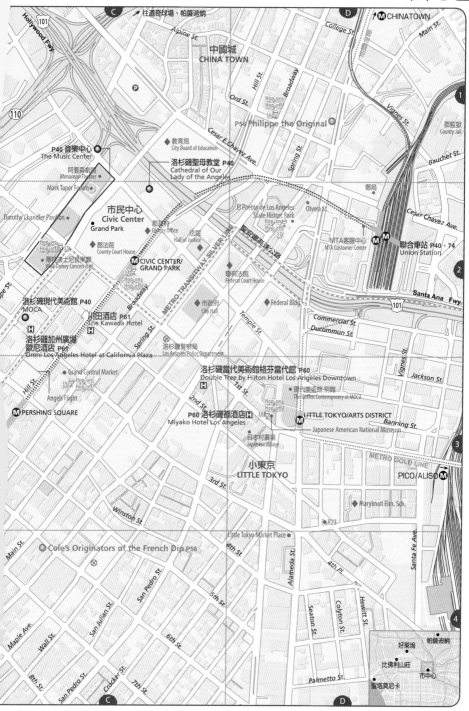

區域
Navi
第三街步道（A1～2）直到深夜餐廳等店家都還有營業，但若自駕開車的話請盡量挑上午時段前往，因為傍晚和週末的停車場很難找得到空位。

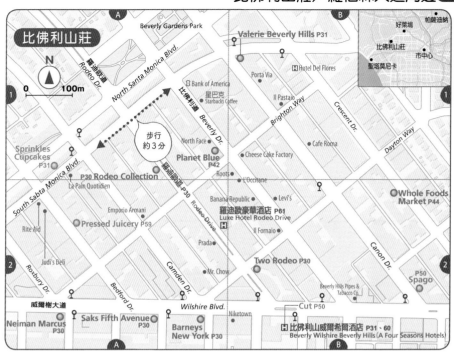

●觀光景點 ●餐廳·咖啡廳 ●商店 Ⓗ飯店

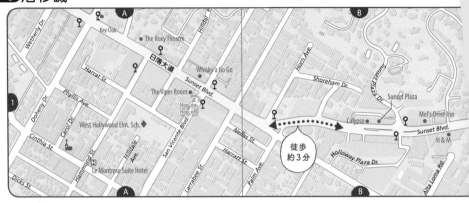

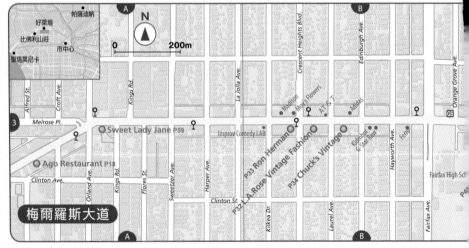

區域 Navi 若要拍攝好萊塢大道上打扮成明星模樣的街頭藝人，給點小費是不成文的規定。

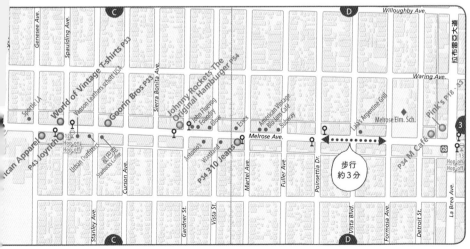

◎觀光景點　●餐廳·咖啡廳　◎商店　Ⓗ飯店

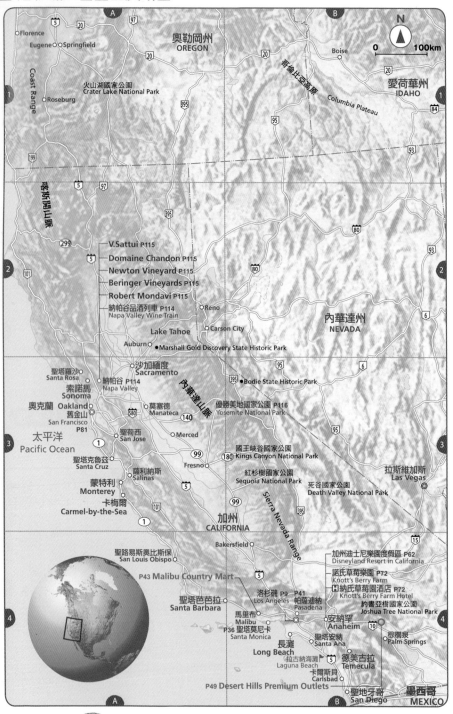

Florence
Eugene ○ Springfield

奧勒岡州
OREGON

Boise

0   100km

愛荷華州
IDAHO

Coast Range

Roseburg

火山湖國家公園
Crater Lake National Park

哥倫比亞高原

Columbia Plateau

喀斯開山脈

V.Sattui P115
Domaine Chandon P115
Newton Vineyard P115
Beringer Vineyards P115
Robert Mondavi P115
納帕谷品酒列車 P114
Napa Valley Wine Train

Reno

內華達州
NEVADA

Lake Tahoe ○ Carson City

Auburn ●Marshall Gold Discovery State Historic Park

聖塔羅沙
Santa Rosa
索諾馬
Sonoma
奧克蘭 Oakland
舊金山
San Francisco
P81

沙加緬度
Sacramento

納帕谷 P114
Napa Valley

莫塞德
Manateca

內華達山脈

Bodie State Historic Park

優勝美地國家公園 P116
Yosemite National Park

太平洋
Pacific Ocean

聖荷西
San Jose

Merced

拉斯維加斯
Las Vegas

聖塔克魯茲
Santa Cruz

蒙特利
Monterey
卡梅爾
Carmel-by-the-Sea

薩利納斯
Salinas

Fresno

國王峽谷國家公園
Kings Canyon National Park

紅杉樹國家公園
Sequoia National Park

死谷國家公園
Death Valley National Park

Sierra Nevada Range

加州
CALIFORNIA

Bakersfield

聖路易斯奧比斯保
San Louis Obispo

P43 Malibu Country Mart

加州迪士尼樂園度假區 P62
Disneyland Resort in California
諾氏草莓樂園 P72
Knott's Berry Farm
納氏草莓園酒店 P72
Knott's Berry Farm Hotel
約書亞樹國家公園 P72
Joshua Tree National Park

聖塔芭芭拉
Santa Barbara

洛杉磯 P9 P41
Los Angeles 帕薩迪納
Pasadena

安納罕
Anaheim

棕櫚泉
Palm Springs

馬里布
Malibu
P36 聖塔莫尼卡
Santa Monica

聖塔安納
Santa Ana

長灘
Long Beach

拉古納海灘
Laguna Beach

德美古拉
Temecula
卡爾斯貝
Carlsbad

P49 Desert Hills Premium Outlets

聖地牙哥
San Diego

墨西哥
MEXICO

區域
Navi
洛杉磯～舊金山間可搭乘美國國鐵Amtrak或灰狗巴士，不過還是坐飛機最
方便。有多家航空公司運行，每天都有幾十班直飛航班，約需1小時30分。

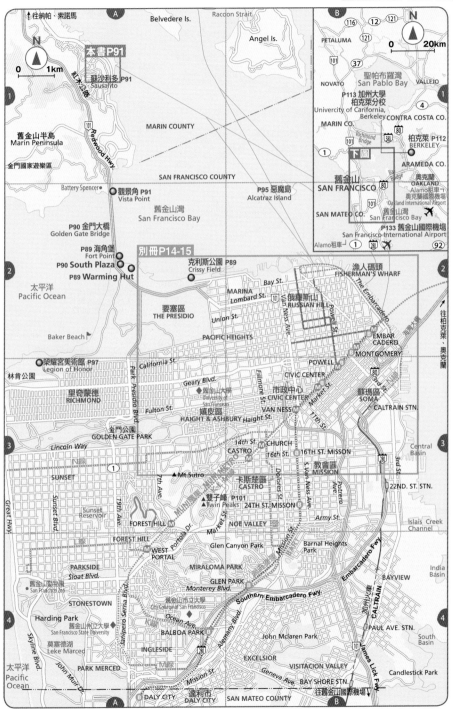

區域 Navi ― 舊金山的街道採棋盤式規劃,十分簡單易懂。以市場街(D2～B4)和凡尼斯大道(C1～4)為基準,即可掌握整座城市的大概。

N
0   500m

舊金山灣
San Francisco Bay

45號碼頭 Pier45 41號碼頭 Pier41 35號碼頭 Pier35 38號碼頭 Pier33
Municipal Pier
海洋歷史公園 前往惡魔島的渡輪碼頭
National Historical Park Jefferson St. 31號碼頭 Pier31
Waterfront Park Beach St. 29號碼頭 Pier29
立海洋博物館 North Point St. Powell St. Stockton St. Bay St. 27號碼頭 Pier27
National Maritime Museum 23號碼頭 Pier23

俄羅斯山公園 叮噹車搭乘處 電報山 19號碼頭 Pier19
Russian Hill Park Cable Car Turntable 別冊P18-19上 17號碼頭 Pier17
倫巴德街 P85 Chestnut St. 電報山 15號碼頭 Pier15
Lombard St. TELEGRAPH HILL 柯伊特塔 P93 Levi's博物館 P98
Lombard St. Leavenworth St. North Beach Playground Coit Tower Levi's Plaza Store
Larkin St. Saints Peter and Paul Church 9號碼頭 Pier9
叮噹車搭乘處 Washington Square Mama's on 7號碼頭 Pier7
Cable Car Turntable Washington Square P110 北灘 3號碼頭 Pier3
NORTH BEACH Pier3
俄羅斯山 1號碼頭 Pier1
RUSSIAN HILL HeliPort

Vallejo St. Vesuvio Cafe P111 渡輪大樓 P86、104
Broadway Broadway Tunnel Ferry Building
別冊P16-17 世貿中心
Jackson St. Chinatown P87 World Trade Center
Clay St. Sacramento St. EMBARCADERO
Washington St. 恩典大教堂 P87 聯邦準備銀行 Waterbar P107
NOB HILL Grace Cathedral Federal Reserve FOLSOM
中國城牌樓 Bank
California St. Chinatown Gate (PresidiGo搭乘處)
叮噹車 Pine St. 都板街 Rincon Point
搭乘處 郵局 (Fremont St.) 26號碼頭 Pier26
舊金山金門假日酒店 P121 Sutter St. MONTGOMERY 28號碼頭 Pier28
Holiday Inn Post St. 聯合廣場 跨灣轉運站 30號碼頭
San Francisco Taylor St. Union Square Transbay Terminal Pier30
Golden Gateway (預計於2017年完成) 32號碼頭
Geary St. 舊金山現代美術館 Pier32
O'Farrell St. San Francisco Museum of Modern Art
富蘭克林街 Ellis St. San Francisco Visitor's Bureau 34號碼頭
P138 舊金山遊客服務中心 叮噹車搭乘處 Pier34
San Francisco Visitor Cable Car Turntable POWELL Alamo租車 36號碼頭
Information Center (會議中心) Pier36 BRANNAN
聯邦辦公室 38號碼頭
Federal Office Bldg. Pier38
亞洲美術館 40號碼頭
Asian Art Museum 蘇瑪區 South Park Pier40
市政中心 聯邦大樓 SOMA James Lick Skyway 2ND/KING
CIVIC CENTER Federal Bldg. Bryant St. AT&T公園
歌劇院 中央郵局 CIVIC CENTER Heart of the City Farmers' Market P105 AT&T Park
Opera House Main Post Office 中國灣
市立圖書館 China Basin
Public Library Sightglass Coffee P111
Hotel Whitcomb 加州火車站
戴維斯交響音樂廳 CALTRAIN DEPOT 4TH/KING
Davies Symphony Hall 法院
Hall of Justice
VAN NESS Howard St. MISSION ROCK
12th St. 10th St. 9th St. 7th St. Townsend St. UCSF MISSION BAY
Folsom St. 11th St.
101 Central Fwy. Division St.
14th St.

教會區
MISSION
Valencia St.

● 觀光景點 ◎ 餐廳‧咖啡廳 ◎ 商店 🅷 飯店

House of Dim Sum P87

迎賓閣 P87
Great Eastern Restaurant

Jackson St.

P85 叮噹車博物館
Cable Car Museum

Washington St.

中國城 P87
Chinatown

Clay St.

Pleasant St.

Sacramento St.

YMCA

加州纜線

Old St-Mary's Ch.

P87 恩典大教堂
Grace Cathedral

Huntington
Park

H The Fairmont San Francisco

St-Mary's Sq.

Bank of Ame

California St.

加州街

InterContinental Mark Hopkins San Francisco

舊金山麗思卡爾頓酒店 P120
The Ritz-Carlton San Francisco

Masonic Auditorium

H The Huntington Hotel

H The Stanford Court, A Renaissance

Pine St.

Grant Plaza Hotel

Belden St.

Pine St.

Executive Hotel
Vintage Court

Hotel Astoria
World Mark San Francisco

中國城牌樓
Chinatown Gate

Bush St.

Alamo 租車
(Bush St.)

舊金山聯合廣場萬豪酒店 P121
San Francisco Marriott Union Square

The Inn at Union Square

The Cartwright Hotel

P87 Jamba Juice

Campton Place

Banana Republic

Kensington Park

Hotel Beresford

Sir Francis Drake Hotel

Coach

The North Face

Fleur de Lys

Sears Fine Food

Tiffany & Co.

Niketown

Post St.

Beresford Arms

JW Marriott San Francisco

Saks Fifth
Avenue

舊金山君悅酒店 P121
Grand Hyatt San Francisco

Chanel

Fitzgerald Hotel

Cosmo Pl.

P120 多納泰洛酒店
The Donatello

Williams Sonoma P99

The Andrews Hotel

Chanceller

舊金山聯合廣場
威斯汀聖弗蘭西斯
酒店 P120
The Westin St. Francis

聯合廣場 P87
Union Square

Geary St.

Nieman Marcus

Diva H

Union Square Plaza Hotel

漢德利聯合廣場酒店
The Handley Union
Square Hotel

The Stratford

Macy's (男士館)

Adante Hotel

P120

郵局

Macy's (男士館)

Hotel Monaco

Clift Hotel

Barneys NY

Curran Theater

American Conservatory Theater(ACT)

Crate & Barrel

Four Seasons Hotel
San Francisco

O'Farrell St.

Alamo租車
(聯合廣場)

舊金山日航酒店 P120
Hotel Nikko San Francisco

Levi's Store P98

Napa Valley Winery Exchange

舊金山聯合廣場希爾頓酒店 P120
Hilton San Francisco Union Square

Hotel Mark Twain

Ellis St.

Mason St.

漫畫博物館
Cartoon Art Museum

City Taget

Alfred Boeddeker Park

P121 公理飯店
The Axiom Hotel

Eddy St.

P84 叮噹車搭乘處
POWELL

P138 舊金山遊客服務中心
San Francisco Visitor Information Center

Sanrio

Hotel Bijou

Westfield San Francisco Centre P86

漁人碼頭

中國城

Turk St.

嬉皮區

區域
Navi

聯合廣場周邊名牌店和百貨公司雲集。
若沒有時間前往想去的街區，不妨就到聯合廣場逛逛吧。

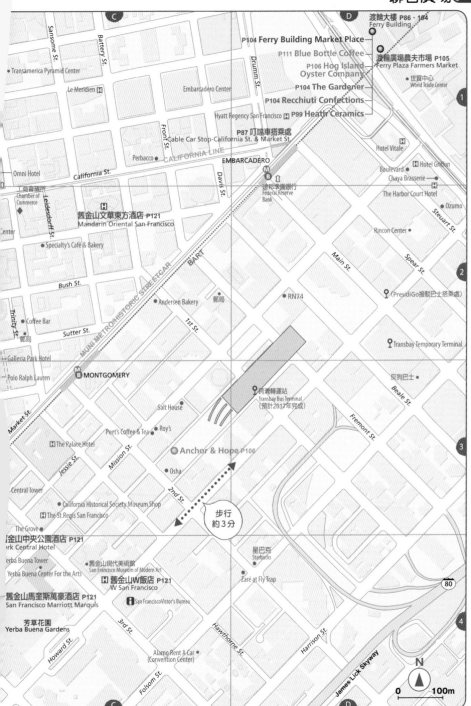

P104 **Ferry Building Market Place**

渡輪大樓 P86、184
Ferry Building

P111 **Blue Bottle Coffee**

渡輪廣場農夫市場 P105
Ferry Plaza Farmers Market

P106 **Hog Island Oyster Company**

P104 **The Gardener**

世貿中心
World Trade Center

P104 **Recchiuti Confections**

Hyatt Regency San Francisco H **P99 Heath Ceramics**

P87 叮噹車搭乘處
Cable Car Stop-California St. & Market St.

Hotel Vitale H

Transamerica Pyramid Center

Le Meridien H

Embarcadero Center

Perbacco

CALIFORNIA LINE

EMBARCADERO

Omni Hotel

California St.

Boulevard
Chaya Brasserie H Hotel Griffon

The Harbor Court Hotel

Davis St.

Front St.

M
B 達邦準備銀行
Federal Reserve Bank

Ozumo

工商會議所
Chamber of Commerce

Leidesdorff St.

舊金山文華東方酒店 P121
Mandarin Oriental San Francisco

Rincon Center

Steuart St.

Specialty's Café & Bakery

Bush St.

BART

Main St.

Spear St.

PresidiGo接駁巴士搭乘處

Coffee Bar

Andersen Bakery

郵局

RN74

Transbay Temporary Terminal

Trinity St.

Sutter St.

1st St.

MUNI METRO/HISTORIC STREETCAR

M B MONTGOMERY

Salt House

跨灣轉運站
Transbay Bus Terminal
(預計2017年完成)

灰狗巴士

Beale St.

Market St.

Peet's Coffee & Tea Roy's

Fremont St.

The Palace Hotel H

Jessie St.

Mission St.

2nd St.

● Anchor & Hope P106

Osha

步行
約3分

Central Tower

California Historical Society Museum Shop

The St. Regis San Francisco H

星巴克
Starbucks

The Grove

舊金山中央公園酒店 P121
Park Central Hotel

Yerba Buena Tower

舊金山現代美術館
San Francisco Museum of Modern Art

Zaré at Fly Trap

80

Yerba Buena Center for the Arts

舊金山W飯店 P121
W San Francisco

舊金山馬奎斯萬豪酒店 P121
San Francisco Marriott Marquis

San Francisco Vistor's Bureau

3rd St.

Hawthorne St.

Harrison St.

芳草地花園
Yerba Buena Gardens

Howard St.

Alamo Rent A-Car
(Convention Center)

N

Folsom St.

James Lick Skyway

0 100m

●觀光景點 ●餐廳・咖啡廳 ●商店 H飯店

17

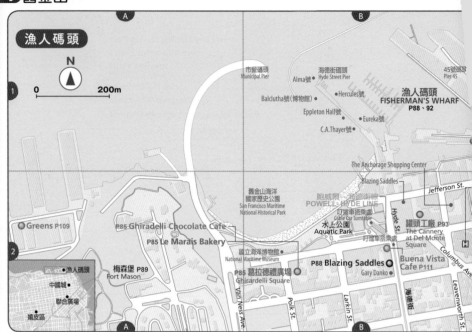

漁人碼頭

N

0 ——— 200m

市營碼頭
Municipal Pier

海德街碼頭
Hyde Street Pier

Alma號

Balclutha號(博物館)

Hercules號

Eppleton Hall號

Eureka號

C.A.Thayer號

45號碼頭
Pier 45

漁人碼頭
FISHERMAN'S WHARF
P88、92

The Anchorage Shopping Center

Blazing Saddles

Jefferson St.

舊金山海洋
國家歷史公園
San Francisco Maritime
National Historical Park

鮑威爾、海德街線
POWELL、HYDE LINE

Hyde St.

罐頭工廠 P93
The Cannery
at Del Monte
Square

Greens P109

P85 Ghiradelli Chocolate Cafe

P85 Le Marais Bakery

水上公園
Aquatic Park

叮噹車搭乘處
Cable Car Turntable

叮噹車搭乘處

Columbus Ave.

梅森堡 P89
Fort Mason

國立海洋博物館
National Maritime Museum

P85 葛拉德禮廣場
Ghirardelli Square

P88 Blazing Saddles

Gary Danko

Buena Vista
Cafe P111

漁人碼頭

中國城

聯合廣場

嬉皮區

Van Ness Ave.

Polk St.

Larkin St.

Leavenworth St.

海德街

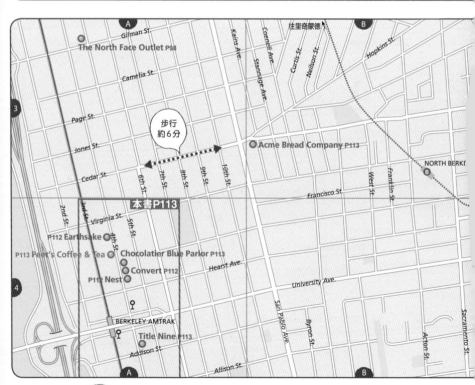

Gilman St.

The North Face Outlet P98

Camelia St.

Kains Ave.

Coenitt Ave.

Stannage Ave.

Curtis St.

Neilson St.

往里奇蒙德

Hopkins St.

步行
約6分

Page St.

Jones St.

Cedar St.

6th St.

7th St.

8th St.

9th St.

10th St.

Acme Bread Company P113

West St.

Franklin St.

NORTH BERKE

本書P113

Francisco St.

2nd St.

3rd St.

Virginia St.

5th St.

4th St.

P112 Earthsake

P113 Peet's Coffee & Tea

Chocolatier Blue Parlor P113

Convert P112

Hearst Ave.

P112 Nest

BERKELEY AMTRAK

University Ave.

San Pablo Ave.

Byron St.

Acton St.

Sacramento St.

Title Nine P113

Addison St.

Allison St.

區域
Navi

觀光客絡繹不絕的Jefferson St.是漁人碼頭最熱鬧的大街，
從39號碼頭（D1）到葛拉德禮廣場（B2）步行約20～25分。

本書P92

41號碼頭
Pier 41

● U.S.S.Pampanito號（博物館）

● 39號碼頭 **P92**
Pier 39

海獅船塢 **P92**
Sea Lion Dock
旋轉木馬 **P92**
San Francisco Carousel
Cup & Cake Café **P93**
Boudin Bakery Café **P93**
Walk America **P93**
Laline **P93**

― Scoma's P107

Radisson Hotel Fisherman's Wharf

黎普利
「信不信由你」博物館
Ripley's Believe It or Not!

MUNI電鐵車站
MUNI METRO

P94 海鮮小吃攤
Seafood Stand

● Wax Museum

藍金渡輪搭乘處
Blue & Gold Ferry Terminal
● Aquarium of the Bay
P92 灣區水族館

舊金山漁人碼頭假日酒店 P121
Holiday Inn San Francisco Fisherman's Wharf

Beach St.

Haward Johnson

Hyatt at Fisherman's Wharf

North Point St.

漁人碼頭喜來登酒店 P120
Sheraton Fisherman's Wharf Hotel

Waterfront Park

35號碼頭
Pier 35

33號碼頭
Pier 33

P95 惡魔島渡輪搭乘處
Alcatraz Cruise

arriott at Fisherman's Wharf

Tuscan Inn

Taylor St.

Mason St.

Cost Plus

漁人碼頭2620號酒店 P121
Pier 2620 Hotel

Trader Joe's

鮑威爾─梅森街線
POWELL-MASON LINE

Jones St.

叮噹車搭乘處
Cable Car Turntable

下車處

Bay St.

步行
約3分

Powell St.

Stockton St.

Francisco St.

● Peet's Coffee & Tea（1號店）
● Chez Panisse Restaurant and Cafe P108

柏克萊

Vine St.

Josephine St.

Bonta Ave.

Milvia St.

Henry St.

Cedar St.

Grant St.

Hilgard Ave.

Virginia St.

Le Conte Ave.

N

0　200m

Lincoln St.

Virginia St.

Shattuck Ave.

Oxford St.

Ridge Rd.

Hearst Ave.

Delaware St.

灣區捷運 BART

Berkeley Way

加州大學柏克萊分校 P113
University of California,Berkeley

Addison St.

Roosevelt Ave.

Grant Ave.

Martin Luther King Jr.Way

Mc Kinley Ave.

● DOWNTOWN BERKELEY

P113 CAL Student Store

California Ave.

Jefferson Ave.

Bancroft Way

Durant Ave.

Ellsworth St.

Telegraph Ave.

●觀光景點　●餐廳·咖啡廳　●商店　Ｈ飯店

♪ 舊金山★教會區

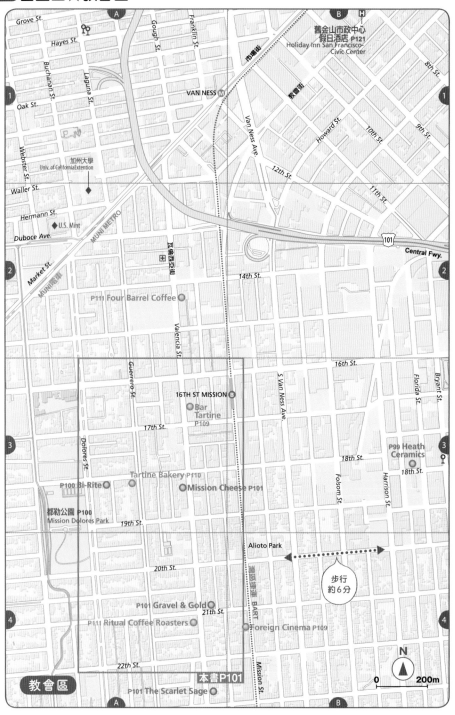

Grove St.
Hayes St.
Oak St.
Buchanan St.
Laguna St.
Gough St.
Franklin St.
市場街
舊金山市政中心
假日酒店 **P121**
Holiday Inn San Francisco
Civic Center
8th St.
B **H**

1

VAN NESS Ⓜ
教堂街
Howard St.
10th St.
9th St.

1

Webster St.
加州大學
Univ. of California Extension
Waller St.
Van Ness Ave.
12th St.
11th St.

Hermann St.
◆ U.S. Mint
Duboce Ave.
Market St.
MUNI METRO
MUNI電車
Central Fwy.
101

瓦倫西亞街
14th St.

2

P111 Four Barrel Coffee ●
Valencia St.

2

16th St.
Florida St.
Bryant St.

16TH ST MISSION Ⓑ
● Bar
Tartine
P109
Guerrero St.
17th St.
S Van Ness Ave.

3

Dolores St.
18th St.
**P99 Heath
Ceramics**
●
18th St.

3

Tartine Bakery P110
P100 Bi-Rite ●
● **Mission Cheese P101**
Folsom St.
Harrison St.

都勒公園 **P100**
Mission Dolores Park
19th St.

Alioto Park
步行
約6分

4

20th St.
灣區捷運 BART
P101 Gravel & Gold ●
21st St.
P111 Ritual Coffee Roasters ●
● Foreign Cinema **P109**

4

22nd St.
教會區
本書P101
Mission St.

N

0   200m

A
● **P101 The Scarlet Sage**
B

20

●觀光景點　●餐廳・咖啡廳　●商店　Ｈ飯店

叩叩日本系列全書系

札幌・小樽・旭山動物園
東京
飛驒高山・白川鄉
名古屋
京都
大阪
四國
福岡・柳川・門司港懷舊區
湯布院・別府・黑川・阿蘇
沖繩

2018年新書陸續上市，敬請期待

休日慢旅系列全書系

東京
京都
大阪
香川・直島・淡路島
出雲大社・松江・鳥取
福岡・門司港懷舊區・太宰府
札幌・小樽・富良野・旭山動物園
伊豆
輕井澤・上田
沖繩

ISBN 978-986-461-118-8

定價：400元

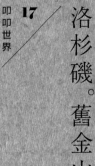

Los Angeles
San Francisco

ララチッタ

時尚・可愛・慢步樂活旅